JLA
図書館実践シリーズ ………………………

実践型
レファレンス・
サービス
入門
補訂2版

斎藤文男・藤村せつ子 著

日本図書館協会

Introduction to Reference Service in Public Library
second enlarged edition

(JLA Monograph Series for Library Practitioners ; 1)

実践型レファレンス・サービス入門 ／ 斎藤文男・藤村せつ子著. － 補
訂 2 版. － 東京 ： 日本図書館協会, 2019. － viii, 203p. ；
19cm. － （JLA図書館実践シリーズ ； 1）. － ISBN978-4-8204-
1900-6

t1. ジッセンガタ レファレンス サービス ニュウモン t2. ジェイエル
エイ トショカン ジッセン シリーズ a1. サイトウ, フミオ a2. フ
ジムラ, セツコ sl. レファレンス ワーク ①015.2

まえがき

　公立図書館のレファレンス・サービスとは，簡単に言うと，利用者の「調べもの・探しもの」に対して，訓練を受けた司書が，調査探索技術や現物調達能力を駆使して「お手伝い」する仕事です。

　たいへん重要な仕事なのですが，いつも利用する図書館にそれが用意されていることに気づかない人や，知ってはいても使わない利用者も多く見受けられます。なんでだろう？

　そのような現状，そこから導かれる課題，それらへの具体的対策なども含めた，公立図書館のレファレンス・サービスのあり方をⅠ部としました。「資料提供としてのレファレンス・サービス」というタイトルの，図書館現場での基礎知識・概説にあたります。

　Ⅱ部は，実際にあったレファレンス質問（50件）に対する探索プロセスの実際を，バリバリの現役司書・藤村せつ子氏の丁重明晰なアドバイスを付して提示しました。Ⅰ部の「レファレンス事例集の司書的読み方」を援用して，個人研鑽としても使えます。藤村司書の感性を楽しむだけでも，「とっさの一手」が確実にモノにできます。

　巻末には，いわば「現役の司書たちは，どんな参考図書を使っているか」リストを添えました。棚揃えにも役立ちますし，実際に手にして吟味するガイドともなりましょう。

　現役の図書館員，図書館学を学ぶ学生・社会人を意識して書きましたが，図書館をもっと知りたい利用者にも読んでもらいたいので，ハンディで読みやすいように心がけました。

斎藤　文男

補訂版にあたって

　本書は2004年7月の初版刊行以降，レファレンス・サービスの基礎知識およびレファレンス調査のプロセスや基本ツールの理解に役立つものとして幸いにもご好評をいただき，図書館員の研修や司書養成の現場で活用されてきました。

　著者の斎藤文男氏は改訂の意思を示しておりましたが，2013年4月に急逝されました。そのため，斎藤氏の執筆部分は若干の字句修正のほかは構成・内容ともそのままとし，初版の共著者である藤村がⅡ部および巻末の参考資料について増補情報を加える形で補訂版を刊行することとしました。

　特にⅡ部の「レファレンス事例50題」については再調査を行ない，新たな情報源や調査ポイントを追加情報としてまとめました。現在の状況を反映させた実践の手がかりとなるよう意図したものです。斎藤氏の手書きによる調査プロセスとあわせてご参照ください。

　おわりに，この補訂版をまとめるにあたっては事例の再調査をはじめ，多くの方にご協力いただきました。特に齊藤誠一氏（千葉経済大学短期大学部教授），蓑田明子氏（日本図書館協会出版委員会委員）のお二人には数々の的確なご助言をいただきました。みなさまに厚くお礼申し上げます。

2014年3月10日

藤村　せつ子

〈補訂2版にあたって〉
　参考資料（p.181-189）について，最新情報に更新しました。

（注）

　本書の初版では引用文献の記述が不十分な部分があったため，今回の補訂にあたり再調査を行ない，以下に出典を示します。配列は本文での引用順とし，【　】内は本書中の該当ページを表します。

・カッツ，ウィリアム A. 『レファレンス・サービス』遠藤英三訳，全国学校図書館協議会，p.47-48（1989）【p.9】

・Hernon, Peter, and McClure, Charles R. Unobtrusive reference testing: The 55 percent rule. *Library Journal*, Vol.111, No.7, p.37-41（1986）【p.9, p.13, p.27】

・Crowley, Terence. Half-right reference: Is it true? *RQ*, Vol.25, No.1, p.59-68（1985）【p.13】

・Taylor, Robert S. Question-negotiation and information seeking in libraries. *College and Research Libraries*, Vol.29, No.3, p.178-194（1968）【p.29】

・Kazlauskas, Edward. An exploratory study: A kinesic analysis of academic library public service points. *Journal of Academic Librarianship*, Vol.2, No.3, p.130-134（1976）【p.30-31】

・Morgan, Linda. Patron preference in reference service points. *RQ*, Vol.19, No.4, p.373-375（1980）【p.31】

・Glogoff, Stuart. Communication theory's role in the reference interview. *Drexel Library Quarterly*, Vol.19, No.2, p.56-72（1983）【p.31】

・小澤三恵子「図書館員と利用者間のノンバーバル・コミュニケーション—レファレンス・サービスの未開拓領域」『Library and Information Science』No.26, p.181-201 （1988）【p.31】

・野瀬里久子「公共図書館における研修活動について」『現代の図書館』Vol.19, No.3, p.138-141（1981）【p.38】

・朝日奈万里子「市立図書館におけるレファレンス・サービス定着の試み」『図書館雑誌』Vol.80, No.6, p.348-351（1986）【p.44】

・Collison, Robert L. *Library assistance to readers*. 5th ed., revised and enlarged. London, Crosby Lockwood, p.62（1965）【p.44】

目次

まえがき　iii

補訂版にあたって　iv

Ⅰ部　資料提供としてのレファレンス・サービス …………… 1

●1章●　公立図書館のレファレンス・サービスを考える ……………… 2

1.1　レファレンス・サービスの立場　2

1.2　車の両輪論　6

1.3　レファレンス・サービスの構造　8

1.4　レファレンス・スキルはまず「経験」から　10

1.5　レファレンスは技能なのだ，だから……　11

●2章●　利用者とレファレンス・サービス ……………………… 14

2.1　利用者はレファレンス・サービスを使っているか？　14

2.2　利用者自身によるセルフ・レファレンス　17

2.3　セルフ・レファレンスに対応する　20

2.4　間接レファレンス　23

2.5　フロアワーク・レファレンス　24

●3章●　レファレンス・サービスを分解して考える ……………………… 28

3.1　構成要素①──利用者　29

vi

contents

3.2 構成要素②――質問事項　32

3.3 構成要素③――図書館資料　35

3.4 構成要素④――図書館員(司書)　37

3.5 構成要素⑤――回答(典拠資料の提供)　38

3.6 専門技能が必要な4作用の連続性　41

3.7 作用①――質問内容についてのやりとり　43

3.8 作用②――レファレンス質問の分析　49

3.9 作用③――探索戦略の確立　50

3.10 作用④――探索の実行と回答の発見　52

●4章● **調査経験の蓄積と共有化** ……………………………… 54

4.1 なぜレファレンス記録が必要なのか　54

4.2 レファレンスを記録(メモ)しよう　55

4.3 レファレンス記録はメモから始まる　57

4.4 レファレンス記録からレファレンス・ツールへ　58

4.5 喜ばれるレファレンス事例集とは？　61

4.6 レファレンス事例集の司書的読み方　62

●5章● **研鑽としての三多摩レファレンス探検隊** ……………… 64

5.1 これが三多摩レファレンス探検隊　64

5.2 レファレンスを探検する　64

5.3 調査プロセス比較法で学ぶ　67

5.4 会場持ち回り方式の利点　68

5.5 アンケートに見るレファ探の効果　69

もくじ………vii

```
c o n t e n t s
```

Ⅱ部 事例で学ぶ レファレンス・サービス の現場 ………… 73

レファレンス事例50題（目次） ……………………………………… 74
レファレンス事例50題・追加情報 ………………………………… 132
資料を提供するための基本レッスン ……………………………… 167

【参考資料】

現役の司書たちは，どんな参考図書を使っているか　リスト …… 181
「これも読んでね」文献案内 ………………………………………… 186

【索引】

「レファレンス事例50題」タイトル索引 …………………………… 191
事項索引 ……………………………………………………………… 199

第 I 部

資料提供としての
レファレンス・
サービス

1章 公立図書館の レファレンス・サービスを考える

1.1 レファレンス・サービスの立場

公立図書館のレファレンス・サービスの根拠は，私たちの専門法である「図書館法」（1950）に立脚しています。「図書館法」には「レファレンス・サービス」とか「参考事務」とかの言辞は使われていませんが，それを意味する考え方は明確に示されています。それをまず確認しましょう。もちろん「図書館法」第2条（定義）と第3条（図書館奉仕）の文章です。

■図書館法 第2条（定義） この法律において「図書館」とは，図書，記録その他必要な資料を収集し，整理し，保存して，**一般公衆の利用に供し，その教養，調査研究，レクリエーション等に資することを目的とする**施設で，……（後略）

■図書館法 第3条（図書館奉仕） 図書館は，図書館奉仕のため，土地の事情及び一般公衆の希望に沿い，更に学校教育を援助し……，おおむね次に掲げる事項の実施に努めなければならない。

一 郷土資料，地方行政資料，美術品，レコード及びフィ

ルムの収集にも十分留意して，図書，記録，視聴覚教育の資料その他必要な資料（……以下，「図書館資料」という。）を収集し，一般公衆の利用に供すること。

二　図書館資料の分類排列を適切にし，及びその目録を整備すること。

三　図書館の職員が図書館資料について十分な知識を持ち，その利用のための相談に応ずるようにすること。

四　他の図書館，国立国会図書館，地方公共団体の議会に附置する図書室及び学校に附属する図書館又は図書室と緊密に連絡し，協力し，図書館資料の相互貸借を行うこと。

五　分館，閲覧所，配本所等を設置し，及び自動車文庫，貸出文庫の巡回を行うこと。

六　読書会，研究会，鑑賞会，映写会，資料展示会等を主催し，及びこれらの開催を奨励すること。

七　時事に関する情報及び参考資料を紹介し，及び提供すること。

八　（省略）

九　学校，博物館，公民館，研究所等と緊密に連絡し，協力すること。

図書館法第3条（図書館奉仕）に例示された9項は，大きな意味ではすべてレファレンス・サービスにかかわりますが，より絞り込んだ文章は，ゴチックで表した三と七です。

　公立図書館のレファレンス・サービスは，「図書館法」という専門法によって要請されている図書館奉仕（サービス）なのです。決して過剰サービスではなく，法律上からいっても図書館の基盤的業務であり，日常業務（ルーティン・ワーク）

なのです。

　また，戦後の公立図書館の発展と，その中でのレファレンス・サービスの考え方は，基本文献のエキスを並べると理解しやすいと思います。

公共図書館の本質的な機能は，資料を求めるあらゆる人々やグループに対し，効果的にかつ無料で資料を提供するとともに，住民の資料要求を増大させるのが目的である。
（『中小都市における公共図書館の運営』日本図書館協会，1963）

図書館の本質的な働きは資料（情報）の提供である。この働きは，貸出しとレファレンスという二つの方法で実現される。
　　　　　　（前川恒雄『われらの図書館』筑摩書房，1987）

貸出しには，資料を貸出すことのほかに，読書案内と予約サービスを含み……（後略）
レファレンスは利用者の研究や問題解決を援助することで，利用者の調査研究への援助と，参考質問に対する回答にわけられる。
　　　　　　　　　（『市民の図書館』日本図書館協会，1970）

参考業務は，いうまでもなく，公共図書館が地域住民の情報と学習機関となるための必須の業務であり，この業務の適否は，住民の図書館に対する信頼度に深く影響するものである。
　（『中小図書館のための基本参考図書』日本図書館協会，1968）

以上の諸文献の考え方を図で表現すると次のようになるでしょう。

図1-1

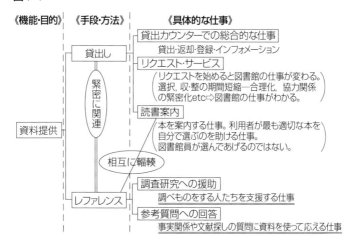

　この図は，貸出し（予約サービスと読書案内を含む）と，レファレンス・サービスの関係を平面上に固定したもので，現実の仕事としては貸出しとレファレンスが相対するサービスと捉えたわけではありません。二者択一的に理解することはもちろんのこと，並列に考えることも現実離れしていると思われます。

　レファレンス質問の当初は，公立図書館の場合，ほとんどが読書案内（資料案内）の質問で始まるようです。大きな主題で，そのテーマが詳しく書かれている図書を想定している質問です。「○○○についての本はどんなのがありますか？」そして，うまくそういう図書資料が見つかれば，いつものよ

1章　公立図書館のレファレンス・サービスを考える………5

うに借りて帰りたいのです。しかし，質問内容についてのやりとりを上手にできたり，そのテーマの書架の前で実際に図書を手にして協力して調査を実行すると，「実は……」とレファレンスに移行することはよくあることです。みなさん，経験ありますよね？

　そして，利用者の知りたい情報は，レファレンス・ブックではなく，主題のある一般資料，つまり一次資料が多いので，レファレンスの典拠資料は借用されたり，予約されたり，協力貸出や相互貸借に回ったりするのです。貸出し（予約サービスと読書案内を含む）とレファレンス・サービスは，現場の仕事としてみるならば，ひとつのサービスの表裏の存在と言ってもかまわないと思います。

　このあたりのことを『市民の図書館』（日本図書館協会（JLA），1970）は，サービスの構造関係および市民との運動論として捉え，貸出し（予約サービスと読書案内を含む）が十分に行われることによって，市民レベルのレファレンス要求が顕在化して拡大する，と明言しました。

　私も，経験を通してその立場を支持するものです。

1.2 車の両輪論

　貸出しとレファレンスが公立図書館の本質的機能である資料提供を実現させるきわめて優れたサービス方法であること，また図書館現場では双方が緊密に影響しあって展開されることなどから，その関係を十分意識した上で，「貸出しとレファレンスは車の両輪」といわれることもあります。この「車の両輪」論から受けるイメージは，シャフトで結ばれた同径の

右輪と左輪であり，それゆえ矛盾なく直進する車輪になるでしょう。

この考え方は非常に魅力的であるし，レファレンス・サービスも住民に役立つ仕事でありたい，という祈念の情がうかがえるので，捨てがたいものです。1日も早く，現場の実態・実績がそのイメージどおりになることを願います。

しかし，公立図書館の現状（図書館のある自治体は全国の半分，その大部分は1館のみ，貸出しとレファレンスへの利用者の認識の差，図書館側の態勢や考え方，職員の訓練度等）を巨視的に見れば，同軸同径の「車の両輪」論は，残念なことに「理想論」，「建前論」の位置にとどまらざるを得ません。径の違う車輪を同軸で走らせれば，ある位置でまわり続けることになります。

一方，それらの現実と『市民の図書館』で明確にされた，「貸出しとレファレンスの構造的関係」「図書館と市民との運動論」の考え方を基盤にして，両輪論を構築し直すこともできます。それは左右の同径両輪ではなく，前後の両輪と理解するのです。自動車ではなく二輪車の前後両輪と考えます。しかも図1-2のようにクラシック・スタイルな自転車の前後両輪です。

この図の比喩的意味は，

①貸出しとレファレンスは一体となって進んでいく「車の両輪」である。

②（図書館サービスの）前進のためのパワーは，直接に前輪（貸出し）に与えられ，それにより自転車（図書館全体，当然レファレンスも含む）を駆動させる。

③図書館の空白地（未設置自治体）や未整備地（単館自治体）

1章　公立図書館のレファレンス・サービスを考える………7

図1-2

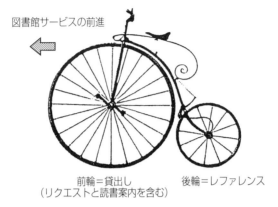

図書館サービスの前進

前輪=貸出し　　　　後輪=レファレンス
（リクエストと読書案内を含む）

には，まず前輪（貸出し）から乗り入れる。
④進むべき方向を決定するハンドリングは，直接的な前輪の操作による。

　利用者の信頼を得ている図書館は，例外なく豊かな資料をもち，専門職員によって活かされ，その結果貸出し（予約・読書案内を含む）も活発で，レファレンス質問も顕在化しています。この現象を「両輪論」として図式化すれば，この図のようになるでしょう。レファレンス・サービスは他のサービスと隔絶することはあり得ないことだし，後輪がなくては安定した走行（図書館運営とサービス）は望めないとも言えます。

1.3 レファレンス・サービスの構造

　公立図書館のレファレンス・サービスの質問内容・テーマは，ごく大きく分類できるようです。

①日常生活上の課題・質問，②時事的な事柄に関連した質問，③業務（仕事）上に関連した課題・質問，④調査研究（学問的）上の課題・質問，⑤地域の事柄についての質問，⑥読書案内的質問，の6つが中心になっています。これらの内容・テーマが，次のような要求として図書館員につきつけられます。

図1-3

レファレンス
サービス

（2つの仕事は
相互に輻輳し
て進められる）

調査・研究への援助
調べものをする人たちを助ける仕事

①図書館資料の見つけ方の説明
　・館内の資料の配置，NDC分類，別置や閉架資料
　・目録・索引類など検索ツールの使い方
②調査・研究にあたっての合理的手順の説明
③調査すべき書誌や参考図書類の具体名の提示
④それらの使用方法の解説
⑤利用可能な専門機関案内や協力貸出システムの説明

参考質問への回答
事実関係や文献探しの質問に資料を使って応える仕事

①所蔵・所在調査…特定文献の調査で参考質問がひそんでいる場合が多い。
　所蔵⇨自館システム内　　所在⇨他の組織の所蔵調査
②事実調査…資料に基づいての直接回答
　いわゆるクイック・レファレンス
　・Katz, W.A.の発言「質問全体の85～95％。それらは1～8分
　　で答えられ，その75％はありふれた参考図書で答えられる」
　・Hernon & McClureの"5分間正解ルール"
　いわゆるトピックス…質問主題に関する資料（一次・二次）を複
　　数提示。取捨の判断は利用者が行う。読書案内と輻輳する。
③文献調査…特定主題に関する文献調査（その結果として文献リス
　ト作成を含む）
④書誌事項調査…（翻訳文献調査を含む）
⑤より専門的な調査機関への照会・紹介（レフェラル・サービス）

　レファレンス・サービスは，「調査・研究への援助」と「参考質問への回答」に大別できますが，それは後になって考えたときに，そう認識されるのであり，実践中（実戦中）はそれぞれの①～⑤同士も輻輳することになります。

1章　公立図書館のレファレンス・サービスを考える………**9**

1.4 レファレンス・スキルはまず「経験」から

　公立図書館の目的は，地域住民への資料（情報）提供による「知る自由」，「学習する権利」の社会的保障であり，その実現のための最も基本的・根源的な方法が，貸出し（読書案内と予約を含む）とレファレンス・サービスであると言われています。私も賛成です。

　レファレンス・サービスは図書館サービスを伸展させるための具体的方法・手段ですから，そこには合理的な技術と能力が存在します。

　また，レファレンス・サービスは読書案内とともに，利用者の要求と図書館資料との間にあって人的支援の側面が非常に強く，図書館員の会話能力，資料把握能力，探索能力が決定的な価値を持っています。その意味で，図書館員はレファレンスの活きた技能（技術と能力）を身につけて，利用者とかかわらなければなりません。

　このレファレンスにかかわる技能は，研究集会や講演会で講師の話を聞いただけの「耳学問」では向上しません。「耳学問」のあやふやさと現実とのギャップの大きさから，サービス現場においてはむしろ有害でさえあると思います。例えば，英語圏の事象の初動調査には，『Britannica』が有効なツールであると教えられたとしても，実際にIndexとPropaedia巻を使い慣れていなければ，あるいはMicropaedia編とMacropaedia編をうまく使い分けられなければ，到底まともな結果は期待できません。「こんなハズでは……」という思いで，時間だけが過ぎていくのです（そういう経験あるでしょ!?）。

10

現場ですぐに活かせるレファレンス技能の修得には，やはり実際に資料やツールを手にとって調べることでしょう。調べる（Refer）という行為によって，典拠資料の特徴や癖を理解するという経験の蓄積が重要なのです。

1.5 レファレンスは技能なのだ，だから……

　レファレンス・サービスは資料（情報）提供のための手段・方法ですから，技術的で具体的側面が大きいものです。技術は磨くことができます。個人でもグループでも，多様なやり方があります（本来ならば，図書館が公的・組織的にその機会と時間を与えなければならないのですが）。

　レファレンス・サービスは技能に支えられているので，図書館員同士で共有することができます。共有するためには，調査プロセスがわかるレファレンス記録（調査メモでよい）が残されなければなりません。調査メモを端的に記せるかどうかも技術なのです。

　利用者が質問するときはどういう行動傾向があるかを理解すれば，利用者が質問しやすい態勢がとれます。これも技術なのです。

　レファレンスの拠点をフロアに設置する場合に，立ちカウンターがよいのか，座るデスクがよいのか。どちらが聞きやすいか，それを体験していることも技術なのです。

　ちなみに，利用者は立ちカウンターを選ぶ傾向が強いです。立ちカウンターの方が堅苦しくないし，きちんと目を合わせることができるからでしょう。レファレンスだけではないのですが，立っている図書館員と座っている図書館員とでは，

1章　公立図書館のレファレンス・サービスを考える………**11**

利用者はどちらに近づくか，という実験がアメリカで行われました（1976）。結果は，圧倒的に立っている図書館員の方に行ったといいます。利用者の受入れOK，と感じられるからでしょう。

　座るデスクの場合，利用者用の椅子を1脚にするか複数にするか。これも技術です。2〜3脚あった方が，フランクに近づけるようだし，ほかの利用者は，空いている椅子に座ることで，「質問あり」「次は私よ」の意思表示ができるわけですね。

　レファレンス質問の内容を，キーワードで認識し，それへの方策（最初の一手）を決定するのも技術です。

　質問内容のやりとりに際して，「復唱法」や「会話法」（アクティブ・リスニング）を用いるのも，もちろん技術です。

　自分で解決しようと思っている利用者のために，フロアに調べやすく探しやすい仕組みを作る。これも非常に専門的な技術です。

　一つ一つの参考図書にも性格や癖があります。解説型なのか，検索型なのか，どのような索引があるのか，参考文献は紹介されているか，固有名詞に振り仮名が付いているか，活字で説明しづらいものには写真や図表があるか，一括した情報の場合は一覧表などで理解しやすくなっているか……。これらを知って必要なときに思い起こせるのも技術なのです。

　レファレンス・サービスの技術修得の第一歩は，何にもまして，参考図書や図書館資料を実際に手にとり，自分で確認することである，と言えます。

12

> チョット
> ひとやすみ

閑 話 休 題

「Half-Rightなレファレンス」だって!

　アメリカでは,レファレンス・サービスの評価に Unobtrusive testing(気づかれない試験方法)が用いられているようです。最近耳にする「図書館パフォーマンス指標」のレファレンス・サービス評価もこれを指定しています。Unobtrusive testingとは,図書館学を学ぶ大学院生を利用者に仕立て,あらかじめ決められたレファレンス質問(複数)を,複数の図書館にして回答の正しさのパーセントを調査する方法で,当該の図書館員には,テストと知らされていないものです。私は「覆面調査」と呼んでいます。公共図書館を調査した2つの報告(CrowleyとHernon & McClure)から,60年代〜80年代の主なものを表にしました。

調査年	テストした図書館 システムの窓口	設定質問 数	正答率	調査員
1967	12	14問	54.2%	Crowley
1969	25	26	55	Childers
1974	20	2	40	Peat
1977	57	21	47.6	Childers
1983	60	40	54.9	GersとSeward
1985	13	15	55	HernonとMcClure

　どの調査結果からも,レファレンス回答の正答率は,50%前後しか示しておらず,かなりショッキングな実態ですね。2回に1回は適切でない回答なわけで,Half-Right Referenceという結論でした。ウーム!

　日本の実態はどうなのでしょうか? レファレンス・サービスの利用者の85%は満足なのですが,詳細な正答率としてはどんなものでしょうね。

1章　公立図書館のレファレンス・サービスを考える………13

2章 利用者とレファレンス・サービス

　公立図書館は，パトロンである住民に利用されなくては存在する意味がありません。住民（＝利用者）の視点で図書館サービスを検証することが大切です。レファレンス・サービスに関しては，利用者は自分の図書館にレファレンス・サービス（調べもの・探しもの，手伝います）という仕事があるのを知っていて，それを使っているのか，という観点が大切です。

2.1 利用者はレファレンス・サービスを使っているか？

　公立図書館のレファレンス・サービスと，そのサービス対象である利用者（＝住民，市民）との関係については，1995年に2つの重要な利用者アンケート調査が行われています。富山県全館調査と川崎市立図書館調査で，ともに来館者調査です。調査日に来館した利用者にアンケート調査用紙を渡してお願いし，設問に回答・記入してもらった上で，退館時に提出してもらうものです。ここでは，富山県の取り組みと調査結果を紹介しましょう。

　富山県の図書館設置率は100％です。かなり以前からテー

マ別や地域別に，自治体を越えた学習会・研修会が行われており，その成果は『富山県図書館研究集録』として毎年刊行されています。個々の図書館をみても，職員による人的支援の要素が強い仕事（読書案内，レファレンス・サービス，障害者サービス，児童サービスなど）に力を入れており，地域にかかわるレファレンス・サービスでは伝統的に厚みのあるサービスが展開されている土地柄です。そして，県立図書館を事務局としてよくまとまっています。だからこそ，ある日一斉に県下の全図書館で利用者アンケート調査が実施できるのですね。

　富山県の調査（1995.11.4実施）は，『いま，とやまの図書館は』（富山県図書館協会編集・発行，1997.3）にまとめられていますが，その中でレファレンス・サービスに関する結果は，下記のとおりです。

・アンケート回答数　　3,872名
・レファレンス・サービスの利用経験
　　　　　　あり　　　　　　　534名（13.8％）
　　　　　　なし　　　　　　3,036名（78.4％）
　　　　　　無回答　　　　　　302名（7.8％）
　　設問の「利用経験」とは，アンケート実施日の利用経験ではなく，それまでに一度でも利用したことはあるか，という意味の利用経験です。無回答は利用経験「なし」と想定できるので，85％以上の利用者が1回もレファレンス・サービスを利用していないのです。
・利用しない理由
　　　　レファレンス・サービスを知らない　　　1,662名

（「なし」の55％）
　　　レファレンス・サービスは不必要　1,084名（36％）
　　　レファレンス・サービスは面倒　　　　85名（2％）
　　無回答302名も，レファレンス・サービスという仕事を
　知らなかったから，利用経験の設問に回答しなかったので
　しょうから，実際には回答者の半分以上がレファレンス・
　サービスを知らなかったわけです。
・利用した人（534名，13.8％）からの評価
　　　回答に　満足　　　　　　454名（85％）
　　　　　　　時間がかかる　　36名（7％）
　　　　　　　頼みにくい　　　26名（5％）

　　富山県は以前から館種を越えてレファレンス・サービスの
　研鑽をしてきた地域ですが，それでもこれが実態なのでした。
　　レファレンス・サービスという仕事は，利用者に認知され
　ていないのです。富山では半分の利用者が知りませんでした。
　別の調査では，東京・目黒区立守屋図書館で48％，千葉・浦
　安市立図書館で36％が「知らない」と回答しています。無回
　答も含めれば，守屋・浦安ともに53％でした。
　　しかし，富山県の場合，利用した人の評価は高く，85％の
　人が「満足」と評価しています。一方，目黒区立守屋図書館
　では「その場で解決」が63.8％，「後で解決」が26.1％，浦安
　市立図書館でも「その場で解決」69.7％，「後で解決」21.1％
　となっており，これも優れた評価です。
　　このように，レファレンス・サービスを使ったことのある
　利用者からの評価は非常に高く，85％の利用者が満足してい
　るほどの，クオリティーの高いサービスです。ところが，こ

16

ういうサービスを利用者の半数が知らないわけです。富山県の場合でも、レファレンス・サービスを実際に利用したことがあるのは、利用者7人のうちわずか1人なのです。

このような実態を真摯に理解しましょう。読書案内やレファレンス・サービスに関して、公立図書館が、あるいはそこで働く図書館員が、当面何を重点に行うべきかを立案する上で重要なことでしょう。

「わからないことがあったら、何でも相談してください」と掲示するのは、しないよりはましですが、実際はそれほど有効でもありません。図書館側の意思表明としては絶対に必要なことですが、それだけでは相談にこられない人の方が多いのです。「いろいろ尋ねてもいいんだ」と利用者に一番理解してもらえるのは、目に見えるレファレンス・サービスを実行することなのです。

公立図書館の資料揃えと利用者の質問傾向では、参考図書だけの参考室や参考図書コーナーよりも、むしろ一般書架の資料や児童書・雑誌で解決する方が多いのです。「ああいうことを聞いてもいいんだ」、「職員をつかまえて手伝ってもらっていいんだ」という状況を、近くにいる別の利用者に知ってもらうために、一般の開架フロアで利用者といっしょに協力・共同してレファレンスを実施したいですね。

2.2 利用者自身によるセルフ・レファレンス

図書館員へ質問あるいは相談することで、レファレンス質問が表面化し、公的サービスとしてのレファレンス・サービスが展開します。しかし、調べもの、探しものの目的で図書

2章 利用者とレファレンス・サービス………17

館に来たのにもかかわらず，何らかの理由で図書館の用意するレファレンス・サービスを利用しない人は多いのです。先の富山県全館調査では，利用者の半分はレファレンス・サービスを知りませんでした。逆に言えば，半分の利用者は知っていますが，過去1回でも試してみた利用者は全体の13.8%でした。知っていると思われる人の間でも30%程度，3人に1人しかレファレンス・サービスを使っていないのです。

　同じ1995年に，同じような利用者アンケート調査を実施したのは，川崎市立図書館です（『川崎市立図書館サービスの課題と展望』, 1996）。レファレンスに限定した設問ではありませんが，「目的の図書・資料等を探すために，まずどうしますか」という問いに対して，川崎市民（回答者1,596名）は，

　　・直接書架をみる　　　　　86.7%
　　・目録カードを見る　　　　7.6%
　　・図書館職員に聞く　　　　4.5%
　　・その他　　　　　　　　　1.3%

という実態を教えてくれました。

　図書館側は明らかに，図書館内における利用者の探索行動の「初めの一手」を知りたかったわけですが，これに対し利用者は，まず自分のこれまでの図書館利用の経験から，調べる事柄や探している図書の扱うテーマなどから，自らの判断でどこの書架かを決定していて，その書棚の図書で判断している，と回答しているわけです。

　予約も読書案内もレファレンス・サービスも，ある程度プライバシーを開陳することですから，質問や相談という形をとりづらいのでしょうか。利用者としては図書館員といえども赤の他人だから，図書館の資料揃えと自分だけで解決でき

れば一番よいので，この数字になるのでしょうか。

　浦安市立図書館においては，複数回答も可ではありますが，「図書館で調べものをするときどのように解決しているか」という問いに，「自分で書架を探す」が87％，「図書館のコンピュータで自分で調べる」が45％でした。

　利用者は自分の必要な知識・情報・データ等が載っていると思われる図書を探して，自分が「そこだろう」と体得している書架の前に行き，試し読みをして探しまくっているのです。私は，この探索行動を「利用者のセルフ・レファレンス」と命名しました。参考図書が別置されていれば，なかなか気づきません。閉架や貸出中の資料は見られません。同じシステム内の中央図書館や他の地域図書館の資料も同様です。

　利用者自身のセルフ・レファレンスで，よい資料が発見されれば，それは貸出しという形で図書館側に認知されます。利用者行動をよく観察すると，セルフ・レファレンスと貸出しとによって，自分の課題や疑問に対応していることがわか

2章　利用者とレファレンス・サービス………19

ります。2つの利用者アンケート調査の結果は，利用者のセルフ・レファレンス＋貸出しが日常茶飯事であることを示しています。

　利用者のレファレンス行動は，もうひとつの重要な手段・方法である「貸出し」で収束していたのでした。

2.3 セルフ・レファレンスに対応する

　実行可能で具体的な「調べやすい仕組み」とは何か？　私の提案は次のものです。

1．主題性の高い参考図書は同じ主題の一般図書と混配架する（0類，8類以外は混配できます）。
2．主題性の高い雑誌や児童図書も，同じ主題の一般図書と混配架する。
3．利用者動線にそった書架配置と，テーマにそった配架法を採用する。
4．一般的，日常的な言葉による館内案内や，書架上のサインを採用する。
5．OPACの操作性を簡易化する。
6．話題性の高いテーマを集中的に展示・配架する。
7．司書の出向く書架案内
8．司書による返却本の配架と整架

　一番効果があり，利用者からの支持も高いのが，1と2でしょう。利用者は調べもの，探しものがあるときは，自分でその主題と思った書架に行きます。だから，たとえば『歌舞

伎浄瑠璃外題よみかた辞典』は，歌舞伎鑑賞本などの一般書架で，「日本十進分類法」（NDC）の分類記号「774.0」に，『新編国歌大観』や『通解名歌辞典』もレファレンス室ではなく一般の「911.1」，和歌鑑賞本や校訂本といっしょに配架されていないと使われないのです。和歌・短歌の「911.1」でいえば，浦安市立図書館では雑誌『短歌』の1年分が雑誌架ではなく「911.1」の短歌に関する図書といっしょに，角度45度でフェイスアウト効果のあるブックエンドに収まっています。このほか，主題性の高い雑誌約50タイトルが同様になっています。これが同館をブラウジングしたときに感じた棚の「変化」，「奥深さ」の一因でもあるのでしょう。

　滋賀・高月町立図書館では，主題性の高い児童資料と雑誌は，NDCの4〜5桁分類を与えられて，一般書と混配架されています。たとえば仙台市の地域情報・観光情報を求めている利用者は，「291.2」の書架に行けば，それに関する一般図書，観光案内・旅行案内，児童書，雑誌（例えば『るるぶ情報版』）が並んでいます。シリーズものの旅行案内書も地域で分けてあるから，1か所で一目瞭然なのです。

　また，「369.27　障害者福祉」の棚には，『作業療法士が選ぶ自助具・生活機器』（保健同人社, 1995）や『肢体障害をお持ちの方のための初めての旅行術－ツアーパートナーとともに読む』（近畿日本ツーリスト, 1999）などを含む一般書とともに，次のような資料がいっしょに混配架されています。
・児童書では……『障害者と私たちの社会：障害者を知る本－子どものためのバリアフリーブック』（大月書店, 1998），『ドラえもんの車いすの本：体の不自由な人の生活を知る本』（小学館, 1999），『聴導犬：社会でかつやくするイヌた

2章　利用者とレファレンス・サービス………21

ち』(鈴木書店, 2002)
・絵本では……『わたし いややねん』(偕成社, 1980),『もうどうけんドリーナ』(かがくのとも傑作集43, 福音館書店, 1986),『ぼくのおにいちゃん』(小学館, 1997),『えらいぞサーブ！：主人をたすけた盲導犬』(どうぶつノンフィクションえほん, 講談社, 2000)
・月刊雑誌では……『たくさんのふしぎ No.176 聴導犬物語 ジェミーとペッグ』(福音館書店, 1999年11月号)

　目を閉じて，書架を連想してみてください。とても奥深い棚揃えになっていますね。この分野のことが知りたい利用者にとっては，大人にも子どもにも，たいへん都合のよい蔵書構成と棚づくりです。近くには，たとえば『社会福祉小六法』や『社会福祉用語辞典』，「必携」モノや「ハンドブック」もあるでしょうから，レファレンス質問が来ても，この棚の前に案内することが「最初の一手」となるのです。また，「利用者自身のセルフ・レファレンス」に対しては，これほどの支援力のある棚は見当たりません。

質問しなければわからないシステム・仕組みから，自由で調べやすい仕組みへの変更は，それぞれの図書館でやり方は違ってきます。しかし，調べモード・探しモードの利用者が100人いるとしたら，85人は自分でそのテーマを扱っている一般図書の書架に行くのですから，われわれ司書の専門性を賭けて「間接レファレンス」にも取り組むべきだと考えます。

2.4 間接レファレンス

　利用者は，調べものや探しものがあるとき，それまでの利用経験に基づいて，そこにあるだろうと類推するテーマの書架に行き，そこで試し読みをして関連文献を見つけています。これが公立図書館における利用者の最初の探索行動です。そうであるならば，図書館と図書館員は，この利用者行動にそったサービスを用意して，上手に支援しなければなりません。つまり，コレクションの形成から書架の位置，配架法，OPACの操作性能の向上，サイン等まで，利用者が自分で調査できる仕組みを，司書の専門性を賭けて作り上げようということです。

　このことは，(実は) 昔から「間接援助」，「物的援助」とか，「間接レファレンス」という言葉で強調されていて，別に目新しいものではありません。現場では徹底されなかっただけなのです。なぜなのか？

　図書館員には多かれ少なかれ，利用者のセルフ・レファレンスだけでなく，「図書館員に聞いてくれれば……」という思いがあります。「聞いてくれれば」自館の開架資料だけでなく，システム内の全資料で，あるいはリクエストで協力貸出

2章　利用者とレファレンス・サービス………23

や相互貸借が利用できる，都道府県立図書館の協力レファレンスや専門機関の紹介・照会もできる，デジタル系の資料やネットワークも使える……。

　この件について，ある利用者から鋭い指摘を受けたことがあります。その利用者はそういうことをよく理解した上で，「聞いてくれれば……という（図書館員の）思いが，聞かなければ（利用者に）わからないあり方を温存・看過させはしないだろうか」と指摘しました（カッコ内は筆者の補記）。

　みなさんはこの指摘から何を感じてくれるでしょうか。

　利用者の調べやすい仕組み，探しやすい仕組みを作る，ということは，職員がレファレンス能力を高めるための研鑽を積まなくてもよい，図書館経営としてそういう機会を用意しなくてもよい，というわけでは絶対にありません。利用者が調べやすい，探しやすいということは，われわれ図書館員にとっても合理的で調べやすい，ということです。経験知ですが，調べやすい仕組みが開架フロアに整っていれば，利用者からの質問や声かけが確実に多くなり，内容が多様化します。

　調べやすい図書館の環境は，同時に，質問しやすい環境なのだ！　ということなのですね。

2.5　フロアワーク・レファレンス

　レファレンス・サービス（調べもの・探しもの，手伝います）という仕事を利用者の半分は知らず，実際に利用している人は来館者7人のうち1人しかいませんが，利用すると85％の利用者が満足する図書館サービスが，現在の公立図書館のレファレンス・サービスです。

この現実を前にして，当面力を注ぐのは利用者の目に見えるレファレンス・サービスを実行し，「調べもの・探しもの，手伝います」という図書館の仕事を知ってもらうことです。

　利用者の目に見えるレファレンスとは，利用者の陣地であるメインフロアに出て，図書館員と利用者が書架の前で連携して行うレファレンスです。これをフロアワーク・レファレンスと呼んでいます。児童サービスではおなじみのフロアワークとレファレンスをくっつけた造語です。

　たとえレファレンス質問がカウンターに来たとしても，カウンターを離れられる状況だったら，必ずフロアに飛び出しましょう。調査テーマの書架の前では，利用者も自ら調査の視点を具体的に正確に話してくれますし，質問内容を表すキーワードもより正確なものに変化します。これは現役の図書館員などは誰でも経験していることであり，本の力を実感するときでもあります。

　返却本の配架や書架の乱れを直しているときなどは，よく利用者から声がかかります。これもご存知のとおり，利用者は聞きやすいのです。本を扱っているから図書館員に違いない。正面切ってカウンターまで近寄るのよりも，自分の近くにいる図書館員に，脇から「すみません。ちょっと教えてください」と聞く方がずーっと楽なのです。

　レファレンス質問であったならば，配架や整架を一旦ストップし，利用者を伴ってレファレンスを敢行します。カウンター維持を気にしなくてもよいので，十分な対応ができます。これは重要なことです。

　図書館員にとっては，返却本そのものから，あるいは配架中の書架の乱れの発見などから，現在の利用者の関心・テー

2章　利用者とレファレンス・サービス………25

マが見えてきます。ついでにおもしろい本があればのぞける時間的余裕もあります。この場合のおもしろいとは，調べもの・探しものに役立つと思える資料です。参考図書に限りません。レファレンス回答の典拠資料の多くは一般書や児童資料ですし，雑誌の特集・連載もチェックしておきたいところです。最近，図書館員はテクニカル・サービス（本の分類作業や目録書き等）に従事することが激減したので，新しい資料や調査に役立つ資料の内容把握の機会が少なくなっています。配架のときや利用者を案内するときにしか資料を覚えられないのが現実です。フロアワーク・レファレンスは図書館員の資料理解の面でも非常に有効なのです。

1970年代の東京・墨田区立あずま図書館では，このフロアワークに職員ポイントをつけて，開館時は必ず職員がフロアを回っていました。児童フロアだけでなく一般のフロアにも行き，利用方法がわからなそうな人に「何かお探しですか？」と声をかけたり，書架の乱れを直したり，子どものフロアではいっしょに絵本を読んだりしていたようです。

現在では浦安市立図書館が，最も利用の多い土・日曜日に，経験5年以上の司書をフロアに放っています。

フロアワーク・レファレンスのために，ローテーション・ポイントを創設しなくとも，司書が開架フロアに滞在する仕事はあります。返却図書の配架作業です。この作業をアルバイトにまわすのではなく，司書がフロアワークの一環として実行すればよいですね。

フロアワーク・レファレンスを経験すると，書架位置や配架法などを利用者の視点で考えるようになります。これもたいへん重要なことなのです。

> チョット
> ひとやすみ

・閑・話・休・題・
●●

アメリカでもそうなのかよ!

　HernonとMcClureという学者コンビが「覆面調査」(p.13
参照)の結果,次のようなことを言っております。
　「学術・公共図書館のレファレンス回答の多くは,正答率が
50%である。レファレンス・ライブラリアンは基礎的参考図
書に弱く,インタビューおよび探索に最低の時間しかさいて
いない。
　また,オンライン目録が蔵書全体を代表していると誤解し
ており,冊子体(目録)があるものでも,すぐ機械にたよる……」
　ウーム,アメリカでもそうだったのか。私たち日本の司書も,
この辺のところ,他山の石としなくては……。

2章　利用者とレファレンス・サービス………27

3章 レファレンス・サービスを分解して考える

　利用者の質問・相談から始まる直接的なレファレンス・サービスを構成する要素は，①**利用者**，②**質問事項**，③**図書館資料**，④**図書館員（司書）**，⑤**回答（典拠資料の提供）**，の5つです。

　そして，これらの要素を有機的に結びつけるのが次の作用です。

　　作用1——**質問内容についてのやりとり**（Question-Negotiation）
　　作用2——**レファレンス質問の分析**（Question analysis）
　　作用3——**探索戦略**（Search strategy）**の確立**
　　作用4——**探索の実行と回答の発見**（Search & Answer selection）

　これらの4つの作用は，人間（利用者）と人間（図書館員）による共同・協力の相互作用を中心にして，図書館資料（文献・データ・情報）という多種多様な物的対象が関係して展開するために，実際のレファレンス現場では非常に複雑なプロセスとなります。したがって，公立図書館の蔵書形成力と，図書館員の資料把握能力，コミュニケーション能力やレファレンス経験がモノをいうことになるのです。

　この章では，5要素・4作用をひとつひとつ取り上げて，私

28

の経験から注意しておく点などを明らかにします。もちろん現場では，これらの要素や作用が互いに輻輳し，短時間で判断しなければなりません。

3.1 構成要素①──利用者

　人間は「わからないこと」，「知りたいこと」がある場合に，すぐ活字資料や公立図書館を思いつくわけではありません。まずは，その分野に明るい家族・知人に相談し，依存する傾向があります。R.S.Taylorの利用者モデル研究の結果では，図書館員へのレファレンス質問に至るまでに，利用者は3回決断するそうです。

　①同僚に尋ねるか，文献に頼るか

　②個人の蔵書，ファイルを探すか，図書館に行くか

　③図書館員に尋ねるか，自分で探すか

　公立図書館が完備されているとは言いがたい日本では，「書店」というバージョンも多いでしょう。

　利用者が図書館に来ること，そして「わからないこと」について図書館員に質問することには，私たち図書館員が思っているよりもはるかにプレッシャーがあるのです。利用者はできることならば，図書館員に聞くことなく自分で解決したいと思っています。したがって，あらかじめ利用者が各自で調査できる仕組みを整備すること（間接レファレンス）は重要です。利用者が調べやすいということは，図書館員にとっても調べやすいのです。

　一方，図書館員が開架フロアで配架や書架案内をしていると，よく利用者からの質問が集中することを経験します。書

3章　レファレンス・サービスを分解して考える………29

架の陰やカウンターを遠巻きにして，職員の能力をチラチラ観察している姿も見られます。気軽に質問できる状況ならば，利用者は図書館員に手伝ってもらいたいのです。「カウンターの職員に質問することは，フロアの職員に質問するのに比べて3倍の気力が必要」との利用者の発言も聞きましたし，「何よりもレファレンスはフロアで，というお話が心に残り，翌日から新しい気持ちで書架に出てみました。そうしたら倍くらいお客さんと目が合って，大概何か探していらっしゃるところなので，これは，これまでずいぶん『無視』していたのだな，と大いに反省しております」という図書館員の反省の弁もありました。

このように質問のきっかけをうかがっている利用者も多く見られ，図書館（員）は質問のしやすい態勢をとる必要があります。

質問しやすい態勢の基本は，利用者の「私はあなたに聞きたいのよ！」というサインにしっかりと気づくことでしょう。図書館員に質問することは，「気力」が必要だし「決断」する必要もあります。質問の前にアイ・コンタクトやジェスチャーなどのNon-Verbal Communication（言葉によらない交信方法）で図書館員にサインを送っている利用者もたくさんいるのですね。

次のような実験や観察の結果は，ぜひ現場に活かしたいものです。

・Edward Kazlauskas の実験（1976）
立っている図書館員と座っている図書館員がいるとき，利用者はどちらに近づくか？──圧倒的に，立っている図書

館員の方に行く ⇨ 利用者の受入れOK，を感じさせるから

・Linda Morgan の観察（1980）

利用者はレファレンス・デスクの図書館員よりも，レファレンス・カウンターの図書館員を選ぶ ⇨ 理由①カウンターの方が堅苦しくない。理由②きちんと目を合わせることができる。

・Stuart Glogoff の発言（1983）

「レファレンス・カウンターに本を積み上げるのは，私の縄張りに入らないで，と言っているようなものだ。」

・小澤三恵子の観察（1988，慶應義塾大学日吉情報センター）

利用者のアイ・コンタクトの差異について

レファレンス・デスクの図書館員を「ジッと見る」⇨ 質問のある利用者で，「ジッ」と見るタイプは，図書館員と目が合うとすぐにやってくる。ジッと見ることは質問したいというサイン。

「チラッ，チラッと見る」⇨ 質問の準備ができていない。チラッ，チラッのアイ・コンタクトは偵察。「こんな質問いいのだろうか？」と思っている。

たとえば，小澤三恵子氏の観察結果を現在の公立図書館のレファレンス・サービスに活かすのならば……。

・ジッと見るタイプ——意識的に自分の存在を気づかせようとしているのだから ⇨ ①合図（うなずき）を送る，②声をかける，でよい。

・チラッ，チラッと見るタイプ——準備ができていないので，いきなりの声かけは控えた方がよい。利用者が近づきやすくするにはどうしたらよい？ ⇨ ①レファレンス・デスク

3章 レファレンス・サービスを分解して考える………31

でやっている仕事を止める，②デスクに広がっている資料類を端にどかす，③顔を上げて目を合わせやすいようにする。それでも近づかなかったら慎重に声をかける。「何かお調べですか？」

3.2 構成要素②——質問事項

　利用者が図書館員に質問することで，直接的な人的支援であるレファレンス・サービスはスタートしますが，利用者にとっては調査活動の一過程であり，その時その状況によって最初の質問の型は多様です。

　図書館全体の利用案内の質問から始まって，レファレンス・サービスに移行するもの，同様に目録や端末の使い方から始まるもの，分類，書架案内やリクエストに関する質問から入るレファレンス質問，読書案内・資料相談からの移行，参考質問（事実調査），文献探索，調査・研究の依頼など，それこそ千差万別です。直接レファレンスや協力レファレンスの個人的体験からは，それらが量的に拡大し，質的に深化してきていると感じています。

　また，利用者は図書館に来る前から探索活動に入っており，知人に聞いたり，書店をのぞいたりして，ある程度「主題」や「典拠資料名」を想定している場合も多いのです。図書館員に質問するにあたり，改めて質問内容（知りたいこと）の全体像を提示するのではなく，絞り込んだ形の「……に関する本」，「……という本はあるか？」という聞き方になり，この質問への対応に図書館員の力量があらわれます。

　人から教えてもらった情報はユニークな観点も多いのです

が，聞いた本人よりも答える人は明らかに気軽に対応しており，それゆえ断片的で裏づけの乏しい場合も多く感じます。予約カードやレファレンス質問に出てくる固有名詞や文献名の微妙なあやふやさは，こういう事情もありそうですね。

　利用者の質問のしかたは多種多様ではあるけれど，公立図書館における最初の質問様式は次の3つに大別できます（必ずしも明確なレファレンス質問ではない）。

　　——図書館員への三大質問——

(1) 「○○○という本はあるか？」……＜所蔵・所在調査＞
　　この形態には2つの場合があります。
　　①本当にその文献を求めている場合——→調べ方（検索システムと手順）の説明，書誌類の使い方の説明を伴う場合が多く，「調査・研究への援助」という側面があるし，何よりも図書館員自身が各種書誌類に習熟できます。もちろん貸出し・予約・相互貸借・協力貸出・新規購入へとサービスが展開することも多いでしょう。
　　②本当は調べる（Refer）ことがあるのだが，その文献に出ているのではないかと思っている（または教えられた）——→図書館員の対応次第でさまざまなレファレンス質問に発展します。タイミングのよい「何かお調べですか？」の一言でレファレンスに誘えます。

(2) 「〜に関する本（または雑誌記事・論文）はあるか？」
　　　　　　……＜読書案内（資料案内）＞⇔＜文献調査＞
　　利用者が図書館でのいつもの利用のしかた，つまりホーム・リーディングを予定し，図書を念頭においた質問は，明らかに＜読書案内＞です。記事・論文探しはレファレンス・

3章　レファレンス・サービスを分解して考える………33

サービスの＜文献調査＞といわれていますが，調査戦略や探索のプロセスなどは明確に分かちがたいものです。出版書誌・雑誌記事索引類・各種所蔵目録類にあたることになるので，On-the-job training での「使ったことあるよ」効果は著しいものがあります。これも「何かお調べですか？」の声かけが有効ですが，タイミングがむずかしいのです。タイミング次第で，「実は……」とレファレンス質問に転化したり，「イエイエ，結構ですよ」となったりします（経験あるでしょ!?）。

(3)　**「〜について知りたい」**……＜事実調査＞

　文献の裏づけによる直接回答の形となります。いわゆるクイック・レファレンスであり，「参考事務規程」（JLA，1961）の「前条の規定にかかわらず，軽微な質問であって資料の裏付のあるものに限って解答を与えてもよい」(4条)に該当するものです。

　たとえば「関西国際空港の開港日はいつ？」，「今年の4月5日の日没時間は？」などです。

　最近よく目に付くようになったのが，息子や娘の調査（宿題やレポート）を親が調べに来て発する「代理質問」です。大学生と思われる息子や娘が，親の後ろに黙って立っていることが多いですね。

　また，本当は自分が必要で調べているのですが，質問としては「友人に頼まれたのだが……」となってしまう「代理質問を装う質問」というものもあります。私の経験では壮年の紳士に多かったです。

　この「代理質問」，「代理質問を装う質問」は，作用1の「質

問内容についてのやりとり」の初期段階でわかるので，この段階で仕切り直しをしておかないと，先にいって苦労します。両ケースとも感情（羞恥と面子）がかかわってくるので，リラックス・ムードの中にも慎重に言葉を選んで対応したいですね。

3.3 構成要素③──図書館資料

　最近の図書館資料の範囲の広がりは，たいへん著しいのですが，典拠資料の提示によって回答する基本原則は変わりません。ですから，公立図書館による利用者の役に立つレファレンス・サービスは，図書館員の図書館資料についての深い知識の結果である，という考え方，Knowledge-of-collection concept を重視することになります。

　レファレンス質問は，そのテーマによって大きく類型化することができます。たとえば「人と機関」，「地理・地名」，「時と歴史」，「物と事柄」，「言葉と成句」，「新聞・雑誌・その記事」，「図書・叢書」などに分けることが可能であり，Ⅱ部の調査プロセス事例や，巻末のリストに出てくる，最初の一手で使用する資料をマスターしておくと，短時間での情報提供，典拠資料の提示が行えます。逆に，それらの資料を実際に使っていないと，内容・特徴・使用方法が理解できないので，質問を受けたとき，その大事なときに，すぐ調査戦略が頭の中でできあがらないことになります。

　たとえば，「翻訳書調査」（文学）の場合には，

　・『翻訳図書目録』（日外アソシエーツ）の「文学」部分

3章　レファレンス・サービスを分解して考える………35

- 『明治・大正・昭和翻訳文学目録』(国立国会図書館編，風間書房)
- 『世界文学綜覧シリーズ』(日外アソシエーツ)
- 『東京都立中央図書館蔵・合集収載翻訳文学索引　1945－1975』
- 『翻訳小説全情報』シリーズ (日外アソシエーツ)
- 『英米小説原題邦題事典』(日外アソシエーツ)
- 『英米文学翻訳書目』(沖積舎)

以上の7ツールあたりが，文学の翻訳書調査の「常連」でしょう。「ラテン文学」とか「児童文学」と範囲が狭まれば，7ツールのうちどれが使えるのか，ここにあげていない別の資料が使えるゾ，とかの判断は，長澤雅男氏のいう「情報源についての知識」，つまり実際に手にとって調査したことがあるのかにかかってきます。

しかし，すべての主題の基本レファレンス・ツール全部を，個人の使用経験だけでマスターすることは困難です。だからこそ，組織としてレファレンス事例の検討会が設置され，ひとつの事例から学べるレファレンス・スキルを全員の共通経験とすることが必要です。その前提として，全員がレファレンス記録＝調査メモを残せなければなりません。その具体的方法は，「4章　調査経験の蓄積と共有化」で説明します。

地域に関するレファレンスと地域資料の構築は，そこの地域自治体の図書館の責任領域です。都道府県立図書館でも所蔵していない，地元の図書館でしか集められないオリジナル資料を使うことが多くなるからです。目標としては，東京・日野市立図書館の市政図書室のレベルでしょう。

私が例外的に専門家にも支援をお願いするのは，この地域

レファレンスや地域資料紹介のケースです。人的つながりの中で，多くの情報や典拠資料が得られるからです。

3.4 構成要素④——図書館員（司書）

レファレンス・サービスでは，普通一人の図書館員が一人の利用者と対応する形となります。どんな巨大な図書館でも，レファレンス質問を受けて利用者と共同して初動調査をするのは図書館員一人です。したがって，対応の良し悪しや調査プロセス・回答の妥当性そのものが，その図書館全体への評価となる側面が強くなります。図書館員のレファレンス技能は，「私のライブラリーはよい図書館」と利用者に評価されるための重要な因子なのです。

図書館員は何でも知っている人間でもなく，教え導く人間でもありません。レファレンス・サービスでは，寄せられた質問（求められた情報）には，図書館資料を駆使して回答を探し出す専門家です。そして典拠資料を調達して提供することになります。

長澤雅男氏は，レファレンス・サービスにたずさわる図書館員の保持すべき能力として，

①利用者の要求を的確に把握する能力

②情報源についての知識

③それを利用するための探索技術

の3点をあげ，特に②「情報源についての知識」については，その後の探索戦略の確定と手順に決定的な影響を与えるとして，次のように力説しています。

「参考図書の知識，とりわけその見出し語の種類とその構

3章　レファレンス・サービスを分解して考える………37

成，索引語の種類などについて，探索者がどの程度の知識を持っているのかが，設問から＜主題‐探索事項＞の抽出，それに基づく参考図書の選択・利用といった探索の方法・手順に決定的な影響を与える。」（『情報と文献の探索　第3版』丸善，1994）

まったくそのとおりです。公立図書館の現場では②に劣らず，①も重要なのですが，長澤氏の提示した3能力の獲得・保持は，私の経験からは，**レファレンス・サービスの実務経験と，継続的で多様な実践的レファレンス研修**に頼るしかないと思います。

レファレンス研修は非常に重要です。本来は公的サービスの水準を維持・向上させるために，図書館が公的な機会を数多く準備すべきですが，残念ながら現実は制度として完備しておらず，自己学習や仕事の習熟による学習（On-the-job training）に頼る状態で，「今や毎日の仕事そのものが研修であり，利用者こそが講師」（野瀬里久子）との声が一般的です。現場に役立つ研修については，4章6節・5章・Ⅱ部が参考になるでしょう。ぜひお試しを！

3.5 構成要素⑤──回答（典拠資料の提供）

レファレンス・サービスにおける回答の基本は，典拠資料の提供という形になります。典拠資料には，利用者の知りたかったこと（情報）が，著者の責任で適切に表現されているはずです。利用者の「？」に応えるのは著者であって，図書館員の役割は，それらの典拠資料を見つけ出し，調達して提示することです。ここに専門性がやどります。図書館員の主

観による回答や,「～だと思いますけど……」はルール違反となります。

　私は,「参考事務規程」(JLA, 1961) の3～5条を支持します。

　3　回答事務は資料を提供することを原則とする。
　4　前条の規定にかかわらず,軽微な質問であって資料の裏付のあるものに限って解答を与えてもよい。
　5　自館で資料を発見出来ない場合には適当な他の図書館または,専門機関・専門家への紹介または照会をはかる。

　しかし,どんな質問にも「お手伝い」できるワケではありません。「回答の制限」と言われていることで,図書館では運営規則や奉仕基準で決められます。これも「参考事務規程」7～9条が基本です。

　7　他人の生命・名誉・財産等に損害を与え,または社会に直接悪影響をおよぼすと見られる問題は受け付けない。
　8　次の各号に該当する質問には解答を与えてはならないと共に資料の提供も慎重でなければならない。ただし問題によっては専門機関・専門家を紹介する。
　　a　医療・健康相談
　　b　法律相談
　　c　身上相談
　　d　仮定または将来の予想に属する問題
　9　次の各号に該当する質問には解答を与えない。

a　学校の宿題

b　懸賞問題

　ただし，5条・8条の「専門家」の紹介・照会は極力ひかえています。今やどんな分野にも専門情報機関や学会・協会・専門新聞社があって親切に教えてくれますし，専門家個人からのアドバイス等は，やはり自分の見解が中心になるからです。

　それと，9条の「a　学校の宿題」は，誤解の多いところです。学校の宿題には「解答を与えない」つまり「答えそのものを教えてはダメ」なのであって，質問を受けたり関係する本の紹介や調べ方の教示を禁止してはいません。むしろ積極的に対応すべきです。大学生のレポートや卒論の調査も学校の宿題でしょうし，社会人の企画調査も宿題みたいなものですし……。

　具体的にどんなタイプの典拠資料が利用者に喜ばれるかは，Ⅱ部の調査プロセス事例や，藤村司書の解説で明らかになりますから，ぜひマスターしてください。

　この回答の段階こそ，利用者の表情・姿勢・動作といったパフォーマンスに注意しましょう。利用者自身がその回答（と典拠資料）で満足であるかどうかが，レファレンス・サービスへの評価となるからです。

　利用者がもっと有効な情報や典拠資料がほしいと思っているときには，次のような動きがあります（私の経験から）。

　・立っている場合……男女とも，会話中にしきりに足を動

かしたり，胸を張ったり，手を腰に当てたりする。

・座っている場合……男性の多くは腕組みをする。女性は会話中に顔を横に向けてしまう。

こんな場面になってしまったら，質問内容についてのやりとりを再度慎重に行い，質問の分析・探索戦略のやり直しをするしかありません。

3.6 専門技能が必要な4作用の連続性

利用者の声かけから典拠資料の提示（回答）までが，いわゆる直接レファレンスのプロセスですが，この流れのうちに会話力・資料把握能力・探索技能などの技術的専門性が発揮されます。

4つの作用とは，①質問内容についてのやりとり，②質問の分析，③探索戦略の確立，④探索の実行と回答の発見，なのですが，実践では①〜③は図3-1のように，ほとんど同時（せいぜい10秒以内）に輻輳して進行します。そうでないとスムーズな案内・指示とはなりませんし，「頭の中は真っ白，体フリーズ」になってしまっていては，「忙しそうですから，もう結構です！」と言われてしまいます。たしかに図書館員は忙しいのですが，「忙しそうですから……」と言われることは，「あなたは素人なのね，時間のムダだわ」という意味なのです。そう思われてしまったら，その図書館員にはもちろん，他のスタッフにも支援を求める声かけはできないでしょう。その意味でも作用①〜③の技能は，図書館サービスをつなぐ重要なポイントなのです。

3章　レファレンス・サービスを分解して考える………41

図3-1　Saitoモデル

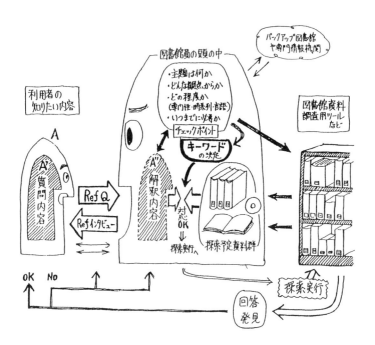

ちなみに，図 3-1 の解説です。
◆A（利用者の知りたい内容）＝ A´（質問として表れる内容）
　ではありません。図書館員とのやりとりで表明されるのは，
　A´です。
　〔理由〕・考えていることが言葉ですべて表現しきれない。
　　　　・（図書館員であっても）初対面の人には，思っていることを全部はしゃべらない。
　　　　・貸出カウンターやフロアだと，十分なやりとりが

できる雰囲気にない（と，感じる利用者もいる）。

・図書館員の応接がヘタだと，利用者は自己規制を
　行う。

◆A´（質問として表れる内容）＝A˝（図書館員の解釈内容）
とは限りません。

〔理由〕・双方の質問内容への認識程度，表現された言葉へ
　　　　の解釈が異なる（しばしば質問分野の主題知識は
　　　　利用者の方が高い。しかし探索技能や調達方法は
　　　　図書館員が熟知している）。だからこそ，協力共同
　　　　レファレンス（簡単に言えば，いっしょに書架に
　　　　出向くレファレンス）が重要なのです。

　質問についてのやりとりは，A´＝A˝ に限りなく近づける
作用です。また，ポイントを突いたやりとりは，利用者も気
づかなかった点やあやふやな点を，うまくまとめさせて表現
させる可能性を持っています。

3.7 作用①——質問内容についてのやりとり

　何かの調べや，情報・データを探しにきた利用者と図書館
員のやりとりは，まずは，**何について**（主題とかテーマ），**そ
れのどんな点**（観点）を浮かび上がらせる相互作用なので，複
雑で微妙なやりとりです。図書館界では，質問内容を明確に
理解するために，図書館員が逆質問するレファレンス・イン
タビューという言葉が一般的に使われています。しかし，実
践現場での利用者と図書館員とのやりとりは，双方が協力し
ての探索中でも，典拠資料を提示しての回答時でも必要不可

3章　レファレンス・サービスを分解して考える………43

欠なので，私はレファレンス・インタビューという言葉で「や
りとり」全体を表現しきれないと考えます。

　しかし，「レファレンス・サービスはその成否の半分以上
が，質問を受ける時に決まるといっても過言でない」（富山市
立図書館，朝日奈万里子），「利用者が何をのぞんでいるかが正
確につかめたら，レファレンス・サービスや情報サービスの
戦いは半分終わった」（Collison, Robert L.）という言葉もまた
真理なのです。

　一方，「何かを調べている・探している」こと自体が個人の
プライバシーの範囲であり，だからこそ最初は遠回しの質問
となります。利用者は「よくわからん」から調査・探索の支
援を求めるのであって，「よくわからん」ことをより正確に聞
き出そうとするレファレンス・インタビューには脅威を感じ
る人もいる模様です。

　レファレンス質問による利用者と図書館員の「めぐりあい」
は，とても複雑で微妙です。こういう機械では対応できない
場面でこそ，司書の専門性の一端を発揮しなければなりませ
ん。

　私の体験上から，マスターすべき6つの技術的側面を記し
ます。

①質問内容についてのやりとりのときは，利用者の目を見て真剣かつフランクに対応する。

　　特に質問のスタート時は，利用者独自の言い回しで「よ
　くわからん」ことを説明する努力の段階であるし，図書館
　員の方は注意深い傾聴・認識化という重要な時期なので，
　（うなずき，などをして）応対だけに集中します（図書館員

の頭の中では，もう質問内容のキーワード化が始まっていますが……)。

　ここで重要なのは，目線をメモ用紙に落とさないことです。質問されている最中にメモなどできませんし，絶対にしてはいけません。メモする行為に神経のある部分がいってしまい，質問内容の把握が曖昧になるし，利用者も目線をメモに落とし，質問内容の表明もメモのスピードにあわせてしまいます。**この段階では利用者の目を見て，うなずいたりして，頭のうちに質問内容をキーワードでメモリます。**司書養成のビデオでは，質問スタート時に下を向いてメモを取る場面がありますが，あれは現実のものではありません。

②質問を復唱するのがコツ（復唱法）

　質問のスタート時は，利用者は緊張でガチガチですが，図書館員の方もどんな質問が来るのか不安でドッキドキですね（もちろん，それを顔に出してはいけない！）。

　これを解消するのが復唱法です。利用者が言った質問の主題・テーマを，ゆっくりと復唱することです。利用者は物理的にもひと呼吸では質問内容の全部を話しきれません。ここで表明できるのは，「○○○について」という主題・テーマ止まりでしょう。図書館員は今聞いた質問ですから，まだ行動を起こせません。

　そこで，「そうですか。○○○について調べているんですね？」と復唱します。図書館員は復唱して，利用者の次の発言が終わるまでに，過去の同様の調査プロセスを想起したり，「主題は？　観点は？　そのキーワードは？」とか，

3章　レファレンス・サービスを分解して考える………45

「最初の一手はどれにしようか」とか考えながら,自分を落ち着けます。まあ,時間かせぎですネ。

利用者にとっては,自分が言ったことがそのまま返ってくるので,それを土台にして次の発言が誘発されやすくなります。「うん,それの△△△なんですが……」

図3-2　復唱法

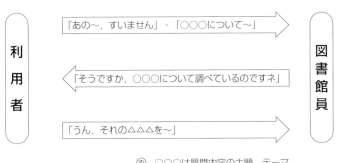

※　○○○は質問内容の主題,テーマ。
　　△△△はその主題の中の,具体的に知りたい情報(観点)。

復唱法は,利用者と図書館員の双方にとって重要な手法です。これに親和感を伴って誘い込めることは,レファレンス・サービス上の重要な専門性,あるいは技術です。

復唱法の効果をまとめると,次の3点です。

1)　その間に気を落ち着けて,しっかり探索戦略をたてる。
2)　利用者にまだ話しきれていない観点やキーワードを誘発させることができる。
3)　復唱を聞いて,同種のレファレンス経験のある同僚が

手助けしてくれることがある（たまにですが……）。

③レファレンス質問の内容を，キーワード（3語以内）で認識する。

　実践（実戦）のレファレンス質問は，文字によるものではなく，言葉によって通常一度だけです。ですから復唱したりするのですが，話し言葉を，内容を端的に表現する言葉（キーワード）で認識し，それを頭のうちに刻み付けます。利用者の言った自然語でも，図書館界の統制語（NDCの主題語）でもかまいません。一番表現が優れている単語（人名や事項名など）です。しかも経験上，3語まで。それ以上は考えや探索手法が分散してうまくいきません。

　伝統的な活字資料を使うにしても，デジタル資料を検索するにしても，どうせキーワードで調べることになります。Ⅱ部のプロセス事例の41番，「日本の船はなぜ○○丸なんですか？」では，自然語のキーワードは「船」，件名語・統制語は「船舶」でしょう。「船舶」という言葉で，図書館員の頭のうちにはNDCの「550」が自然に浮かび上がります。

　「質問内容をあらわすキーワード」で解決するレファレンス質問も多いのですが，調査中により核心的なキーワードにも変化します。プロセス事例48番では，初動調査のキーワードは「藤村操」ですが，途中から「厳頭之感」や「明治36年5月22日」などの有力なポイントに変化します。

④ Open-question と Closed-question を使い分ける。

　オープン質問とは，5W1Hを使った（図書館員側からの）質問で，「はい」「いいえ」ではない，何らかの説明が返答

に伴うものです。クローズド質問とは,利用者が「はい」「いいえ」で返答できる質問です。

　図書館員のレファレンス・インタビューにはオープン質問を使え,というのが定説ですが,公立図書館の場合,特に質問の初段階のやりとりは,むしろクローズド質問の方が経験上うまくいきます。

　もちろん5W1Hのオープン質問も使いますが,その場合,「Why」(なぜ知りたいのか,その情報で何をしたいのか)は聞きません。ここが専門図書館や大学図書館と違うところでしょう。

⑤あまりにも漠然とした質問の場合は,こちらから「質問ぜめ」にするのではなく,クローズド質問を重ねて確認していく「会話法」が有効である。

　つまり利用者の質問をトレースしながら,少しずつ利用者自らに語らせるようにして,利用者のイメージを明確にする方法です。復唱法の伸展型ともいえ,やや時間と根気が必要です。子どもと高齢者ばかりではありません。一般の人にも使えます。「なるほど,〜なんですね」,「すると,〜とも言えますヨネ」,「ふ〜ん,そうですか。それで?」などと,つなげていきます。

⑥探索戦略を組み立てられるまで取材できたか?(特に観点)

　たとえば,「市民プールについて知りたいのですが……」という質問の場合,どんな観点からの「市民プール」情報を必要としているのでしょうか。

・市民プールの利用時間・料金・プールの種類などを知り

たい

・プールの設計上の留意事項を知りたい

・法令・規則に関することを知りたい

・実際の工事やプール設備に関することを知りたい

・市民プールの管理・運営についてのノウハウを知りたい

・水質基準や衛生管理の資料がほしい

・あるいは全部

　観点によっては，まったく異なる資料が用意されてしまいます。

3.8 作用②──レファレンス質問の分析

　利用者は概して一般的・概括的な言葉で質問する傾向があるので，前節のやりとりの段階で，復唱法・会話法を用いたりして，より具体的に質問内容の明確化をはかります。しかもキーワードによって。つまり，上位概念から具体的概念に導き，質問内容の主題と観点をキーワードで明らかにするのが「質問の分析」です。何もむずかしいことではありません。現役のみなさんが日常やっていることです。

　私が実行するチェック・ポイントは，次の4点です。

①**主題は何か？**
②**どんな観点からか？** ⇨ キーワードで把握する

③どの程度か？（専門性・時系列・言語など）

④いつまでに必要か？

　この4点は並列関係ではなく，主題と観点をキーワードで

3章　レファレンス・サービスを分解して考える………**49**

把握することが基本であり，①と②をやりとりの中で絞り込んでいく過程で，③と④も明確になっていきます。

まずは，主題と観点をキーワードで!!

3.9 作用③──探索戦略の確立

探索戦略などとおおげさな言葉を使いましたが，要は「どうやって調べようか」の具体化です。作用①のやりとりをしつつ，作用②の分析（主題と観点のキーワードでの認識）を行うときには，すでに参考図書をはじめとする図書館資料についての知識を総動員しています。探索戦略とは，言い換えると，次の3点を具体化することです。

①質問内容（主題と観点）をあらわす具体的なキーワード確定

②主題に関する書誌や参考図書，一次資料の選び出し

③それらの組合せと調査順序の決定

ものの本によると，探索方法（戦略）には3種類あるそうです。

①質問の主題に対応するツール（参考図書など）をセットするもの。今まで私が説明してきたのはこの手法です。

②情報発生順の逆をたどる手法

　三次資料（たとえば『日本の参考図書』をみて，参考図書を確定する）

　　　　　⇩

　二次資料（上で判明した解説型・探索型の参考図書を手

にする）

　　　　　⇩

　一次資料（より詳しく解説してある資料を探す）
　③書誌か事実調査かを最初に分離する方法

　実践（実戦）では，今まで説明してきたように，ほとんど
が①の主題（と観点）とそれに対応するツールを確定する方
法を用います。③は，明らかに雑誌記事索引や新聞記事，主
題の文献リストを使わないと調査が進まない場合です。Ⅱ部
の調査プロセスの６番や35番のタイプです。
　手がかりが少なく調査時間に余裕がある場合に，仕切り直
しの意味で②を実行する可能性はありますが，私は体験して
いません。

　作用①〜③を総合した場面が，フロアやカウンターで行わ
れているのです。ですから「貸出カウンター」には，専門家
（司書）がいなければなりませんし，一番利用者から声がかか
る「配架」や「書架整理」は専門家（司書）がやらなければ
ならないのです。
　私は次の教訓を胸に秘めて，カウンターやフロアに立ちま
した。

**思い込みで調査するのは禁物だ。十分にやりとりをし，
思いを込めて調査しよう！**

3章　レファレンス・サービスを分解して考える………51

3.10 作用④──探索の実行と回答の発見

　探索の実行と，その結果としての回答（典拠資料）の発見・提供については，「2.5　フロアワーク・レファレンス」に記したことが提要です。ここでは注意点をいくつか触れておきます。

①利用者とともに書架の前に立つ（協力・協働レファレンス）。
②レファレンスの主体は利用者，図書館員は探索技術を駆使して支援する専門家。
③利用者と協力し協働して調査・探索することにより，そのプロセスを通じて文献の探索方法，関連の参考図書の使い方などを利用者に知ってもらえる。これもレファレンス・サービスの重要な側面です。
④デジタル系の資料も増えた。ハイブリッドは自動車だけではない。調査のための道具・方法がひとつ増えたわけなので，使える状況では十分に活用しよう。
⑤ただし，利用者の次の意見にも襟を正したい。
　「コンピュータ依存症にかかっていないか。機械に入力してある分類・件名でわかることは本に接近する手段のごく一部。多くの図書館でディスプレイに出る表示が，あきらめさせ追い返す道具になっている。本そのものにあたって探す姿勢を失っていないか？」（鈴木由美子氏の発言, 1996.6.29）
⑥探索の実行にあたっては，「なさそうだ」と思って実行すると，見つかるものも見つからない。利用者が「勇気」と「決断」をもってレファレンス質問してくれたのだから，支

援者の図書館員も性根をすえて調査しよう。

私は次の5点を頭のうちで反芻しながら調査しています。
・質問内容に関する調査方法と図書館資料は必ずある。
・同僚・先輩に支援を受けられる。→「お〜い，誰か，こんなこと知らんか？」
・バックアップ図書館（まずは都道府県立図書館）を遠慮なく利用する（協力レファレンスから協力貸出へ）。
・どんな分野でも専門雑誌や新聞がある。
・どんな分野でも専門情報機関や学会・協会等がある。

4章 調査経験の蓄積と共有化

4.1 なぜレファレンス記録が必要なのか

レファレンス体験は記録されてこそ公共サービスとなります。

利用者からのレファレンス質問と，それに対応する正確な調査プロセス，責任ある回答が明示されたレファレンス記録が残されると，次のような可能性と展望が開けるのです。

1) 個人の調査体験（探索戦略，調査プロセス，使用参考図書など）が，スタッフ全員の共通認識の材料となる。その結果，利用者の質問を図書館という組織で受け止めることになる。
2) 利用者への追加情報提供が可能となる（別のレファレンス調査時に，偶然にスーパー回答を発見することはよくある）。
3) 以後の類似の質問にすばやく対応できる。
4) 調査終了後に他のスタッフのアドバイスや協力を得る場合，質問内容，調査プロセス，判明事項，典拠資料などが正確に伝達できる。

──────レファレンス記録が蓄積されると──────

5) 図書館の資料揃え，スタッフのレファレンス技能などのレファレンス・サービスの実態がわかる。参考図書や所蔵資料の不足部分が痛感でき，蔵書形成を考えることになる。

6) 検索方法を確立できれば，蓄積されたレファレンス記録自体が有効なレファレンス・ツールとなる。

7) レファレンス・マニュアル作成の素材となる。

8) レファレンス事例集の作成材料となる。レファレンス記録の蓄積とそのツール化が進展すると，スタッフ用資料としての活用だけでなく，他館との共有財産をめざす視点がうまれる。レファレンス事例集として公刊・配布されるのが一般的です。

————レファレンス事例集ができると————

9) 市民に対するレファレンス・サービスのPR手段となる。

10) 他の図書館に配布してレファレンス・サービスにおける協力・連帯関係を深められる。

11) 教育委員会，首長部局，議員に配布して，目に見えにくいレファレンス・サービスを説明・認知させることができる。

12) 図書館学教育・司書養成の担当者に現場材料を提供できる。特に「情報サービス概説」，「レファレンスサービス演習」を担当する教員には積極的に提供しよう。**この分野は図書館現場が研究・養成を支える義務がある。**

4.2 レファレンスを記録（メモ）しよう

レファレンス・サービスの実践であれ，研鑽方法としての調査プロセス比較法であれ，レファレンスの調査体験は，記

録（メモ）されて物的な形態に転換されることによって，時間と空間を越えていても誰もが利用できる存在となります。この意味で「レファレンスの記録化」（調査メモでよい）は，レファレンス技能の蓄積と共有化の基盤です。

利用者が公立図書館を上手に利用して，自分の疑問や課題を解決し成長を続けているように，図書館員も専門技能を獲得するための努力が必要です。実際的な方法は，レファレンス・サービスや読書案内における調査体験を蓄積し，その経験から多くを学ぶことであり，そのためにはレファレンス記録（メモ）を残さなければなりません。

自分を含めた図書館員によってメモされた調査体験（レファレンス事例）に対しては，司書としての技能はおろか，自館の資料揃えや図書館経営に活かそうとする「意欲」で接したいものです。その気持ちがなければ，レファレンス記録はただの紙で終わってしまい，そこから得られる多大な技能や知識の普及・伝播の役割は果たせません。

利用者にとっては，その典拠資料を借りたり，該当部分をコピーしたりで持ち帰ることになります。つまり今度は読み込んで分析したり考察したりする段階となるわけで，調査・探索は一応終了しています。しかし，図書館サービスとして調査支援した図書館員にとっては，そのレファレンス・サービスは終了していません。自分の調査体験を，「レファレンスの記録化」に変身させていないからです。調査プロセスが明確に，そして容易にわかるレファレンス記録を残さないことには，それは世間で言うところの「やりっぱなし」の仕事です。レファレンス記録（メモ）を残してそれを蓄積し，共有するための準備を終えてこそ，公共サービスとしてのレファ

56

レンス・サービスが完結するのです。

4.3 レファレンス記録はメモから始まる

レファレンス記録と表現されるものは，実際には表4-1の3タイプがあります。

Ⅰ　調査メモ

Ⅱ　レファレンス処理票

Ⅲ　レファレンス記録票

ⅠとⅡは，レファレンス質問を受けてから回答と典拠資料を提供するまでの覚書的な調査処理票（メモ）であり，公立図書館でのレファレンス記録の中心をなすものです。

Ⅲは類似質問に備えたり，調査方法が参考になると思えるものを，改めて一定の様式にしたがって加工・記録したもので，調査プロセスは最低限しか記載されていない場合が多いものです。レファレンス・サービスの教科書でよく紹介されていた，たとえば京大型カードに加工・記録してファイリングする方法が，このⅢのタイプですが，現場で実行してみると，労ばかり多くテキストで言われるほど有効ではありません。調査プロセスが容易にリアルに理解できるⅡのレファレンス処理票の方が，はるかに実用的かつ教育的です。過去に多くの公立図書館がレファレンスの記録化を模索しましたが，結局長続きしなかったのは，テキストを鵜呑みにして，Ⅲのレファレンス記録票をめざしたためでもあるのでしょう。

現場の経験から言えることは，利用者と接するすべての職員が，Ⅰの調査メモを書く訓練をし，それを習慣として身につける，ということです。そして，そのレファレンスが終了

4章　調査経験の蓄積と共有化………57

表4-1 レファレンス記録の種類

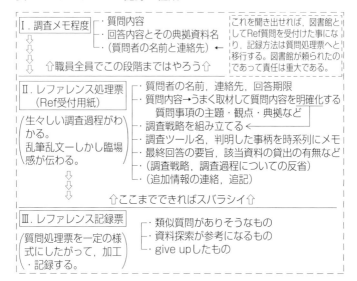

後、なるべく当日中に、それができなければ少なくとも翌日までに、その調査プロセスを回想し、調査メモに補記する形で、Ⅱのレファレンス処理票レベルに仕上げたいものです。ちなみに、調査メモはレファレンスの最中には書けません。探索中にメモしなければならないのは、質問内容を端的にあらわすキーワード（3語以内）を備忘録的に残すためのメモです。これが残っていれば、翌日でも翌々日でも調査プロセスが思い起こされて、レファレンス処理票を完成できます。

4.4 レファレンス記録からレファレンス・ツールへ

公立図書館の通例では、レファレンスや読書案内などの人

的支援サービスを組織として記録することができるようになると，その蓄積物をレファレンスの道具として使います。レファレンス記録を一定のルールで編成し，実情にあった検索方法を考え，有効なレファレンス・ツールとします。

レファレンス・サービスの調査プロセス・回答提示の記録が蓄積されると，実に有益な道具に変身することができます。

・レファレンス記録を編成すること
・索引を作成すること

レファレンス記録を現在および未来のレファレンス・サービスに活かすためには，この2点に尽きますが，これはシンプルなものほど成功します。ほかの自館作成ツールと同じで，①作りやすいか，②誰でも簡単に引けるか，③維持・継続に金と時間と労力がかからないか，がクリアできればぜひ実行したいものです。

しかし，この「記録から道具（ツール）へ」も，「スタッフ全員による記録作成」と同じで，最初から高い目標を掲げると失敗します。レファレンス記録もまだ十分残せない状況で，事例のコンピュータ検索をめざしてもダメなのですネ。実態にあったツール化を実行し，その効果を十分認識してから，現場スタッフが一番利用しやすい方法を確立しましょう。

私の経験上，最も安直で，しかも使いやすい方法を紹介します。

【編成】　レファレンス記録を質問受付日順にファイルする。もしくは通し番号を与えてその順番でもよい。レファレンス処理用紙の大きさのフラット・ファイルに古い順にファイルする。適宜，日付のガイドを入れる。

4章　調査経験の蓄積と共有化………59

【検索方法】 レファレンス記録1件につき，検索カード2〜3枚を作る。レファレンス記録の質問内容欄はキーワードで表現されているので，それを使用する。件名（事項名）・人名が多いが，質問内容が端的に表現されていれば自然語のままでよい。無理に統制語にすることはない。検索カードは目録カード（75×125mm）がよい。

たとえば「マーチン・ルーサー・キング牧師の，ワシントン大行進のときの演説，I have a dreamの日本語訳を探している」というレファレンス記録ならば，「キング牧師」，「ワシントン大行進」，「I have a dream」が検索カードの標目である。検索カードの記述部分は，質問要旨と質問受付日（または通し番号）だけでよい。

　記録の蓄積が1か月にフラット・ファイル1冊とすると，経験上フラット・ファイル25冊（つまり2年分の記録）ぐらいになると，レファレンス・ツールとしての価値がぐんと増してきます。その頃は検索カードもカードケース2本ぐらいになっており，カードをブラウジングするだけでも質問傾向がわかり楽しくなってきます。

　検索カード作成とファイルは，レファレンス担当者の職務分掌とした方がよいでしょう。この場合のレファレンス担当者は，その図書館のレファレンス・サービスの元締め・事務局といった意味です。

　公立図書館ではフロアやカウンターで利用者に接する全スタッフが，レファレンスの専門技能を持って支援することになるので，レファレンス担当者だけがレファレンス・サービスを担うわけではありません。レファレンス担当者が検索

カードを作成することで，全部のレファレンス記録に目を通すことになります。これも組織的レファレンスの進展のために重要なのです。

4.5 喜ばれるレファレンス事例集とは？

　近頃，レファレンス事例集の刊行・配布が目に付くようになりましたが，図書館現場で喜ばれ「使えるレファレンス事例集」と言われるための要素は次の3点です。

①調査プロセスが端的に記述されていること。
　事例集によっては，質問事項と回答要旨だけのもの，あるいは読み物風に加工したものがありますが，ともに一番重要な調査プロセスと典拠資料が省略されたり，部分記述であったりで，図書館員同士のレファレンス経験・技能の共有化には適しません。

②質問要旨だけのリストを目次とする。

　次節の「事例集の読み方」にも関連しますが，質問要旨と調査プロセス・回答要旨部分が分離されていると，自己研鑽の目的で読み込むときに役立ちます。

③レファレンス記録に記述されている参考図書や典拠資料から引ける索引を添付すること。

　これも自己研鑽や研修テキストとして使用する場合に助かります。

　レファレンス記録がある程度蓄積したら，ぜひとも「レファレンス事例集」を編集・刊行してほしいものです。利用者・市民に対するレファレンスのPR効果も大きいし，実践レファレンス研修のテキストにもなります。教育委員会，首長部局，議員に配布すると，目に見えにくいレファレンス・サービスを理解してもらうきっかけにもなります。

　レファレンス事例集に秘められた可能性は，想像をはるかに越える大きなものなのです。

4.6 レファレンス事例集の司書的読み方

　「レファレンス事例集を読んでも少しもおもしろくない」と言った図書館員がいました。本当にそうでしょうか？　おもしろくないのは，自分のレファレンス・サービスに関する緊張度が低いのではないでしょうか。

　図書館サービスを職業とする者としてのレファレンス事例集の読み方は，次のとおりにするべきでしょう。

①まず，レファレンス質問部分だけを読む。

62

②調査プロセス・回答要旨が見えないように，いったんレファレンス事例集を伏せる。

③自館の資料群を頭の中に想起し，調査戦略，使用する資料やツールを1〜2分シミュレーションする（主題は何か，調査の観点は，資料はどれとどれを使うか，その順番は……）。

④レファレンス事例集の調査プロセス部分と，自分のシミュレーションとを比較し，自分で優劣を判定する（△勝△敗とか）。

　いわゆる「頭の体操」をしながら1件ずつ事例を読み進み，他館・他者の経験とノウハウをありがたく吟味するのです。10題も実行すれば，もうへとへとになりますが，ものすごく鍛えられます。お試しください。

　レファレンス事例集は，その読み方次第によって，格好の実践レファレンスのテキストとなるのです。

5章 研鑽としての 三多摩レファレンス探検隊

5.1 これが三多摩レファレンス探検隊

　三多摩レファレンス探検隊（以下，「レファ探」と略す）とは，東京の多摩地域における公立図書館員を中心にした，私的で実践的なレファレンス研鑽活動です。

　レファ探活動とは，隔月に開催される検討会（午後6時30分〜9時）だけを指すのではなく，2か月単位の研鑽過程（レファレンス探検）をいいます。検討会は，隊員諸氏が自己研鑽の成果を持ち寄り，徹底的に討議する「まとめ」の場です。

　多摩地域の図書館員は参加自由で，会員制はとっていません。レファレンス記録の提出，つまり調査の当事者になることが原則ですが，もちろん多摩地域以外の人や，記録を出さなかった場合でも検討会に参加できます。

　レファ探の足掛け10年の活動については，観点を変えた報告が既に多数あるので（注），ここでは自己研鑽をする隊員の立場から説明します。

5.2 レファレンスを探検する

　レファ探の隊員（公立図書館員）は，2か月周期で次のよ

うな研鑽体験をすることになります。

①表5-1の参加要領のルールのもとに，レファレンス質問を
　受け取ります。全6題中のランダム2題，隊員は問題を選
　り好みできません。本来，レファレンス質問は図書館員を
　選ばないはずだからです。レファレンス問題になるのは，
　実際に多摩地域の公立図書館に寄せられたレファレンス質
　問を使います。それをレファ探の道案内人である「シェル
　パ斎藤」（筆者）が，質問内容や形式などのバランスを考慮
　して，出題する質問を選択しています。

②自館や図書館システム内の資料・ツールによって探索しま
　す。調査戦略から回答に至るまでの調査プロセスを記録
　（メモ）し，それをレファ探事務局に送付します（この間，
　約15日）。ギブアップでも，そのときまでの記録を送りま
　す。勤務時間後，コツコツと調査したらしい記録もあれば，
　締切日に一気呵成に仕上げたものもあります（隊員の性格
　が読み取れておもしろい）。

③レファ探事務局は集まった回答＝レファレンス記録を出題
　者に渡し，質問別総括コメントと各自の回答へのコメント
　を記入してもらいます。それを編集し，『回答＆コメント
　集』を作成します。

④出題者（コメンテーターと称している）と事務局の労作『回
　答＆コメント集』が検討会の1週間前までには届きます。ま
　ずは，自分が自館の資料を使って挑戦し回答した問題の，
　すべての回答例とそれに対するコメントを熟読します。同
　じレファレンス質問に，個性と調査プロセス，典拠資料が
　まったく違うレファレンス記録が10例ほど並ぶので，自他

5章　研鑽としての三多摩レファレンス探検隊………65

表5-1 三多摩レファレンス探検隊参加要領

①Ref探検隊に参加する条件は，Ref問題に回答することです。提出できるのは2題まで。

②Ref問題を選り好みしない。(協力者の方は機械的に配布してください)

③調査戦略・調査ツール名・判明した事柄・最終回答要旨・調査者の感想などを時系列にわかりやすく記録のこと。

④調査用紙のスペース内で仕上げること。裏面や別紙への記入はダメです。

⑤記録は手書きの方が調査者の苦悩や歓喜までも読み取れてイイねェ(実戦中のRef処理用紙やメモは手書き，ですもん)

⑥回答はGive upとなっても，途中までの経過を記入して送ってください。

⑦回答のRef用紙には，図書館名・回答者名を記入のこと。(検討資料の事前配布用の名簿となります。資料には名前は載りません)

⑧回答のために使用する資料・ツール類は，自館システム内の資料・書誌・人脈で。

⑨レフェラル・サービスとして専門機関に照会・紹介すべきと思うときは，機関名を明示するにとどめ，実行しないこと。【実戦(実践)では実行する】

⑩次のことはしてはいけません。
　・先輩・同僚諸氏に「丸投げ」すること
　・利用者を装って他の図書館にレファレンス質問すること

の調査能力や所蔵資料の厚みの比較が容易であり，それだけに恐ろしい瞬間でもあります。

　自分に指定されなかったレファレンス質問についても慎重に読み込みます。「私だったらこっちから調べる」，「あの資料があれば解決するのに……」などとシミュレーションしつつ，ほかの隊員の手法・発想・センスを学べます。

⑤2か月ごとに開催される検討会に参加し，レファレンス質問別の討議・情報交換を経験します。活動サイクルの締めくくりとしての検討会は，新しい研鑽パターンの始まりにもなります。次回のレファレンス質問が配布されるからです。

　以上のような，事前の出題→調査実行→回答記録の集約→コメント付与→『回答＆コメント集』の作成・配布→検討会での検討，というパターンは10年間変わっていません。

　②はまったくの個人研鑽です。④は，いわば志を同じくする仲間たちと邂逅する時間帯，これがレファ探活動の軸なのです。⑤は交流する時間，あるいはグループ研鑽とも言えます。

　隊員にとってこの2か月間の研鑽過程は，ひとつのレファレンス質問を通して異なる学習方法を体験できる，まさにレファレンスを探検する気分なのです。

5.3 調査プロセス比較法で学ぶ

　前項の④，同じレファレンス質問に対し，個性とプロセスの異なる記録が平均10例ほど並ぶ『回答＆コメント集』の存

在，これは調査プロセス比較法という学習形態を紙上に表現したものです。これを熟読・吟味することによって，隊員同士の調査プロセス・回答提示の記録が，お互いの弱点を指摘することにもなり，一方では解決策をも提示してくれることにもなります。

　隊員にとっては，自分の探索戦略，資料内容の把握力，調査技能の未熟さを白日のもとにさらされることであって，自館の蔵書構成上の凹凸加減も証明されてしまいます。現役の図書館員にとってはこの2点ほど切ない体験はありません。しかしこの切ない体験は，選書や追加購入・棚づくりに活かされ，さらなるレファレンス技能の修得という方向に進むはずなのです。

　この調査プロセス比較法＝『回答＆コメント集』の方法を用いれば，地理的・時間的に集まることの困難な地域でも，レファ探活動は十分に可能です。それぞれの地域の事情に合った新しい方式を開発してください。

　現在まで継続して行われているレファ探活動には，三多摩のほかに，神奈川・名古屋・長崎・岩手・宮城北部の活動があります。

5.4 会場持ち回り方式の利点

　レファ探活動のまとめの場である検討会は，公立図書館の開架フロアや集会室を使います。現在，夜間に会場を提供してくれるのは，府中・日野・多摩・立川・調布・東大和・狛江など，レファ探事務局員や隊員の多くいる図書館です。

　基本的に会場を提供してくれる図書館の隊員が，回答の集

配・印刷・会場の設営など，その回の事務局を担当します。これは負担が集中しない優れた方法でもあり，会場となる図書館の職員が参加しやすいことも利点です。

　会場持ち回り方式の利点は，蔵書形成の観点でも大きいものがあります。会場を提供する図書館は，30〜40名の現役図書館員に参考図書をはじめとした蔵書を診断してもらうことになり，実際，甘辛含めたアドバイスがもらえます。逆に，参加する隊員にとっては，自館では見られぬ資料と出会うことになり，自館に帰って追加購入に加えることができるのです。

　『回答＆コメント集』と会場持ち回り方式が，選書や棚作り，蔵書形成に目を向けさせた功績は，想像以上に大きいと思っています。

5.5 アンケートに見るレファ探の効果

　レファ探活動の効果を知るためと，隊員の意識を活動に活かすために，アンケート調査をしたことがあります (1995)。

　レファ探活動への参加理由と，継続参加しての効果如何を聞いた質問への回答結果に，レファ探活動の特徴がよく表れているので抜粋してみましょう。

問2：「あなたにとって三多摩レファレンス探検隊に参加している理由は何？」（自由記入式）　⇨回答96件
　①レファレンス技能の研鑽のため　　　　　48件（50%）
　②他の自治体の図書館員と知り合いになる　　13件
　③さまざまな調査プロセス・典拠資料が学べる　9件
　④自分の知らない資料が発見できる　　　　　6件

⑤おもしろい・楽しいから　　　　　　　　　　　　6件
⑥他の自治体の図書館を訪問できる　　　　　　　　4件

　①③④に見られるとおり，レファレンス・サービスのための実践的研鑽の場と認識されています。「館内研修の代わりに」という回答も散見され，公的研修の不十分さもうかがえます。

問8：「レファ探に参加して得たもの，変わったことを教えて
　　　ください」（自由記入式）　⇨ 回答61名から88件
　①参考図書など図書館資料に関するもの
　　・資料の補充・購入に結びついた　　　　　　　15件
　　・選書の際，レファレンスを念頭におくようになった
　　　　　　　　　　　　　　　　　　　　　　　　12件
　②レファレンス記録に関するもの
　　・わかりやすい記録を心がけるようになった　　14件
　　・記録する習慣を得た（個人・図書館とも）　　8件
　　・レファレンス記録の重要性がわかった　　　　8件
　③レファレンス技能や意識に関するもの　　　　　22件
　　「アプローチの多様さに気づく」「とっさに手にする資料が確実に増えた」などの探索戦略策定やツールの使い方の知識・技術の向上を述べた回答と，「カウンターでびびらなくなった」「レファレンスに応えるのが楽しくなった」「逃げなくなった」など，利用者とのやりとりの際の不安感を払拭する声が多かった。

　①②③に共通する隊員の「意識の変化」と「技能の向上」「現

70

状の改革」は，自分が当事者となって，しかも自館の蔵書を
使って研鑽したからこそなのです。『回答＆コメント集』（調
査プロセス比較法）と，会場持ち回り方式による「他人（他
館）を見て自分（自館）を知る（鍛える）」方法の発見は，レ
ファ探活動の最大の収穫と言えるでしょう。

（注）
　三多摩レファレンス探検隊については，以下の6文献に詳しい。
・江森隆子「三多摩レファレンス探検隊－できて1年，そして今」『図
　書館雑誌』Vol.89, No.2, p.94-96（1995）
・阿部恵美子，鈴木直子「三多摩レファレンス探検隊の活動報告－
　1隊員からの報告」『みんなの図書館』215号（1995年3月号），p.48-
　58（1995）
・境美奈子「多摩地域公共図書館員によるレファレンス勉強会につ
　いての考察」図書館情報大学平成6年度卒業論文（1995）
・阿部明美「三多摩レファレンス探検隊の活動について」『図書館評
　論』No.36, p.79-85（1995）
・斎藤文男，戸室幸治，森下芳則「東京・多摩地域における公共図
　書館員のグループ研鑽」『現代の図書館』Vol.34, No.2, p.63-66
　（1996）
・斎藤文男「レファレンス事例による研鑽と経験の蓄積・共有化－
　三多摩レファレンス探検隊の活動とその意義」『情報の科学と技
　術』Vol.49, No.4, p.171-176（1999）

閑話休題 — チョットひとやすみ

夜も電話でおたずねを!!

　『新版　これからの図書館』（菅原峻著,晶文社,1993）を読んでいたら,右のしおりが紹介されていました。閉館後の電話レファレンスのPRです。電話によるクイック・レファレンスや紹介・照会サービスが中心なのでしょうが,それにしても,毎日'12 midnight'とはスゴイですね。

　このスコーキー図書館だけではなく,アメリカの公立図書館では広く行われているようですが,別の本によると,職員の帰宅時の安全を考えて,縮小した図書館もあるそうです。

673-7775

NIGHT OWL REFERENCE SERVICE

Need information after our public library has closed? Call the library for free reference service.

HOURS:
Monday-Friday
9 pm - 12 midnight
Saturday & Sunday
5 pm - 12 midnight

SKOKIE PUBLIC LIBRARY

第 II 部

事例で学ぶ
レファレンス・
サービス
の現場

● 事例に採用した質問50件は,一部の例外を除いて,実際に利用者から質問のあったものです。
● 採録は,各地のレファレンス探検隊の『回答&コメント集』や図書館の『レファレンス事例集』,斎藤が個人的に収集したレファレンス記録を中心にして,[　]で表示しました。
● 個々の調査プロセスは,斎藤の調査プロセスに,現役司書の実践レファレンス研修による成果を加味してあります。藤村司書による追加情報は「F情報」マークを付してあります。
● 目次(質問要旨)をまず読んで,自館で10分くらいかけて調査した後,または頭の中で調査のシミュレーションが終わってから,個々のプロセスと読み比べると効果的です。
● 藤村司書のアドバイスに添って,事例のプロセスや現物資料を確認していくと,臨場感豊かな研鑽となるでしょう。

※本書では2014年1月現在の情報源に基づいて「レファレンス事例50題」の再調査を行なっています。追加情報としてp.132-166に解説を加えていますので,あわせてご参照ください。

レファレンス事例**50**題（目次）

1. 東京の信濃町は,何か長野県と関係あるのですか? ……… 77

2. 尾形光琳の燕子花図屏風はどの美術館が持っている? …· 78

3. 赤穂浪士全員の名前と読み,役職と知行を知りたい。……… 79

4. 十干十二支の60全部の訓読みがわかる本はどれですか? … 80

5. サッカーくじ法の条文を見たいのだが……。…………………… 81

6. ロックグループREOスピードワゴンの雑誌記事は?…………… 82

7. 時代劇のセリフ「持病のしゃく」とはどんな病気か? ………… 83

8. オランダ商館長の全員のリストのようなものはある? ………… 84

9. 豊田市が指定された都市制度と政令指定都市の違いは?·· 85

10. 大賀ハスという古代のハスについて知りたい。……………… 86

11. カナダのバンクーバーを漢字で書くと,どんな字? ………… 87

12. 妹尾河童の奥さんが書いた本を読みたい。…………………… 88

13. 江戸時代の『東雅』はどんな作品?活字本で読めるか?…… 89

14. 小岩井農場は創設者の名にちなんでいる。それは誰? ……… 90

15. ポツダム宣言の全文（日本語）を探している。……………… 91

16. 2100年と2101年のカレンダー表をみたい。………………… 92

17. 「冬眠鼠」の読みと意味を知りたい。………………………… 93

18. 栃木県の「しもつかれ」って,どんな食べ物ですか?………… 94

19. 日本でピルが解禁された日付（年月日）を知りたい。·············· 95

20. 1年に春が2度来た,という和歌の作者·句·歌集? ··············· 96

21. 地球の経度1度は,緯度が変わると距離も違うの? ·············· 97

22. 山口県大津郡の,いがみ·むかつく小学校の漢字は? ············ 98

23. 胃カメラを開発した医師のモデル小説を読みたい。············ 99

24. 別府湾近くで獲れるカレイの名は? 美味らしいヨ。········ 100

25. 詩の賞「H氏賞」のH氏はどういう人物なのですか? 101

26. 戦争中に,赤紙のほかに白紙もあった。それは何? ··········· 102

27. キューバ共産党系の新聞HOYの読みと意味は? ·············· 103

28. 都道府県の県花·県鳥·県木·県章·県章の由来は? ········· 104

29. ミュージカル「キャッツ」の原作を日本語で読みたい。········ 105

30. 最初の1万円札はいつ発行された? 日常品の物価は? ··· 106

31. 国旗と校旗を校門に併揚する時の方法がわかります? ····· 107

32. 秀吉だか誰かの「人の一生は重い荷物を～」の全文。···· 108

33. 歌舞伎「天衣紛上野初花」の読みと荒筋を知りたい。····· 109

34. 新潮社『波』での逢坂剛の対談内容は?（1997年ごろ) ·· 110

35. 松井秀喜選手の高校時代の雑誌記事がリストである? ···· 111

36. 若手数学者の賞でノーベル賞的に有名なのは何か。····· 112

37. 米国の現職の州知事が一覧できる資料はありますか? ····· 113

38. 日本の食糧自給率の推移を,主要品目別に知りたい。······· 114

39. 日本経済に関する専門の英字新聞はありますか? ········· 115

40. 銚子大滝にある佐藤春夫の詩碑の全文を知りたい。········· 116

41. 日本の船の名は,なぜ「○○丸」と丸の字が付くの? ········· 117

42. 今年10月8日の三浦半島の昼から3時までの潮汐は? ······ 118

43. 弥次・喜多コンビの孫がロンドンへ行く本を読みたい。 …… 119

44. ニューディール政策で最初に完成したダムの名と年。 …… 120

45. マヌエル・プイグの小説「Boquitas Pintadas」が,
94年ごろ翻訳されたらしいが,邦題は? ………………………… 121

46. 華岡青洲の薬「通仙散」「麻沸湯」の読み方は? ………… 122

47. 「弘法にも筆のあやまり」というが,誤字は何? ………………… 124

48. 華厳の滝で自殺した藤村操の,樹幹に記した全文は? …… 126

49. 奈良の大仏の頭のボツボツは何というの? いくつある? … 128

50. 自転車の2人乗り禁止の根拠法令の条文はどれかな? …… 130

Ref 1	東京にある「信濃町」は、何か長野県と関係があるのですか? 地名の由来を知りたい。　　　　　　　　　　　　［長野県立］

なるほど、信濃国（長野県）での レファレンス質問です。
東京の信濃町の 地名由来ですから
　　⎰ ①東京に関する 地名辞典
　　⎨ ②新宿区（信濃町は新宿区内）の 地域資料・歴史散歩モノ
　　⎱ ③東京の「町村沿革モノ」、の 3つが頭に浮かぶでしょうね。

①が 最適・最短です。・『角川日本地名大辞典 13 東京都 』
　　・『日本歴史地名大系 13 東京都 の地名』（平凡社）　　〈など
　　・『コンサイス日本地名事典』（三省堂、'98）・『日本地名大百科（ランドジャポニカ）』
②としては（実際にはあたっていないが----）
　　・深いところでは『新宿区史』、『東京市史稿』のあたり）
　　・『東京歴史散歩』系の 新宿区を扱っているモノ
　　・新宿区が刊行する「私たちの街」的な地域資料
③ならば、『東京 町名沿革史』（吉川弘文館、'67）
◎実際に質問を受けた長野県立図書館は、幾つかの典拠資料を示して、
「 東京都新宿区にある信濃町は、大和国（奈良県）椋羅（くしら）藩主
永井信濃守の 下屋敷があったことに由来するもので、とくに信濃国（長野県）
との関係はない。江戸時代から俗に 信濃町・信濃殿町・信濃原、
とも称していた。明治5年に東信濃町と西信濃町となり、昭和18年に
合併して 信濃町となった。」と回答しています。

──『日本語話題事典』（ ぎょうせい '98）
⎰　p638 "東京の 信濃町には信州の 大名屋敷があったのか"という
　　　　　見出しで 由来を解説。同様の例として、三河台なども
［下
情
報］　　　あげている。
⎱　＊ ただし、索引からは引けないので目次で偶々発見するか
　　　　どうかという 使い方しかできないのが、ぎょうせいの
　　　　『～話題事典』の弱点です。

レファレンス事例50題‥‥‥‥77

| **Ref 2** | 尾形光琳の燕子花図屏風(かきつばたずびょうぶ)はどこの美術館が持っているのですか？　　　　　　　　〔静岡県立〕 |

《戦略》絵画等の美術品・工芸品の所蔵館調べには、次の3つ（その作品が国宝ならば4つ）の方法があります。
- ① 『日本学術資料総目録』（朝日出版社, 2冊）を使う
- ② 「絵画集」類の該当作品の解説や、図版・写真そのものの右下あたりに所蔵館名や寸法が記載されている。←これを使う.
- ③ 美術辞・事典の「カキツバタズビョウブ」項、又は「オガタ,コウリン」項の解説
- ④ 国宝とわかっている場合は、いわゆる「国宝」本 ←②のバージョン

◎ 質問を受けた図書館の品揃え次第で、どれが「最初の一手」・「とっさの一手」でもよいのですが、経験上 ② が一番ポピュラーでしょう。
③ はいかにも、ですが けっこう時間が かかります。

② 尾形光琳が載っている絵画集 どれでも　→（東京・根津美術館）

③ のレファレンス・ブックとしては ---- 『大百科事典』(平凡社)、『万有百科大事典 ② 美術』(小学館)、『新潮世界美術辞典』←
『日本美術作品レファレンス事典 絵画篇 近世以前』(日外)
> これには作品名の難読索引があります。燕子花図屏風のヨミがわからなくとも、コイツを手にすると都合が良いワケです。

④ 国宝本 --- 『国宝大事典』(講談社)、『国宝事典』(文化庁)
『日本名宝事典 飼物・国宝・重要文化財』(「原色日本の美術・別巻」小学館, '71) あたりかな.
◎ 燕子花図屏風は根津美術館でしたが、このケースは根津美術館についての情報も提示する必要があるでしょう。実際にオリジナルを鑑賞したいという感じですし、「美術館ガイド」も添えて提示しましょう。
⇒ 根津H.P.をのぞくと、燕子花図屏風は現在 修復中のため今後数年間は展示予定は ない そうです。

Ref 3	赤穂浪士の全員の名前（ヨミも）と、当時の役職・知行を知りたい。　　　　［尼崎市立永山］

《戦略》① レファレンス・ブック（解説型）で一覧性のある情報が、ちゃ〜んと「表」になっている可能性が高いモノは何だ？！
　　　▶百科では---『日本大百科全書（ニッポニカ）』　　　｝このあたり
　　　▶歴史系では---『国史大辞典』・『日本史大事典』　　　　かな？
② 「忠臣蔵」本、「赤穂義士」本は「ウチに何があったっけ？」
③ 辞典（ことばてん）も使えるかもネ。

① では--『日本大百科全書（ニッポニカ）』（小学館）
（やはり）　「赤穂浪士」項に、「赤穂浪士一覧」の表あり
　　　全員の名前、（ヨミ）年齢（役職）（知行）簡解な人物評、変名など
（やはり）・『国史大辞典』（吉川弘文館）---「赤穂事件」項に「赤穂四十七士
　　　一覧」があって、人名 年齢（役職）（知行）戒名あり（人名のヨミガナはない）

② の場合 ---・『赤穂義士事典』（新人物往来社）　←　そのものズバリ
　　　・『忠臣蔵と日本の仇討』（中公文庫）に、ヨミ、役職ほか 詳しい情報
　　　・『忠臣蔵四十七義士全名鑑』（駿台曜社 '98）でも ○.k
　　　・雑誌『歴史読本』系のバック・ナンバー（だいたい 11月号か 12月号）
　　　　　　　　　　　　　討入りが 旧暦の12月だから ↑
③ 辞典（ことばてん）はどうかな？
　　　・『大辞泉』（小学館）----「赤穂義士」項に 四十七士のリスト（年齢とヨミも）
　　　・『広辞苑』（岩波）----「赤穂」項中に四十七士を列記のみ、×
　　　・『日本国語大辞典 2版』（小学館）----「赤穂義士」項に列記のみ、×

《追加》①系では『日本歴史大事典』（小学館）の「赤穂浪士／義士一覧」でも ○.k

Ref 4	十干十二支の 60全部の訓読みが判る資料はどれですか？　[多摩地区永山]＆[都立多摩・朗読ボランティアより]

《キーワード》 十干十二支(ジッカンジュウニシ)，干支(エト または カンシ)
《戦略》以下のような 幾つかの初手が思いつくでしょうが、自館の資料揃えの厚い
　　　ところから 手を付ければよいでしょう。

◎主題の「こよみ」系資料 (NDC 449)
　　『現代こよみ読み解き事典』・『暦の百科事典』・『こよみ事典』
　　・『暦 ー日本史小百科ー』・『日本陰陽暦月日対照表』の付録 など

◎辞典(ことばてん)系
　　『広辞苑』・『新選古語辞典』(小学館)の巻末付録
　　『大辞林』(三省堂)は干(10)と支(12)の訓ヨミあり。これを組み合せると判明する
　　・意外なのは『日本国語大辞典』(小学館)にはヨミ一覧がなかった。(第2版も)
　　・『全訳読解古語辞典 二版』(三省堂)『全訳古語辞典』(大修館)
　　　　　　　　　　　　　　　の付録。
◎百科事典系
　　『日本大百科全書』(小学館)
　　　　└→ さすがニッポニカだ。一覧としてほしい情報は チャート一覧になっている

◎国史系　　　　　　　　　　　　┌→干のヨミと支のヨミの組み合せ
　　『国史大辞典』(吉川弘文館)・『日本史大事典』(平凡社)・
　　『日本史年表』(東京堂出版)の付録4

◎干支本やその他
　　『十二支の話題事典』(東京堂出版)・『読めない漢字の読本』など

Ref 5	今、TOTOが流行っているが、あの「サッカーくじ法」の条文そのものを見たいのだが…。

〔都立中央〕

(戦略) たったひとつ。お客さんの言う「サッカーくじ法」の正式法律名を確定し、法規集的資料を提供すればよい！

こんなカンジで…

▶手順① ベテラン編 … (1冊で解決する方法)

有斐閣の『六法全書』の巻頭「法令名索引」を「サッカーくじ法」で引き、該当ページを提示する。(⇒つまり「法令名索引」は俗名称からも引けるスグレモ)

▶手順② テキスト風編

『日本法令索引 現行法令編』(NDL)の巻頭「法令名略称一覧」で正式法律名を確定させる。

▶手順③ 司書一般編

『現代用語の…』、『イミダス』、『知恵蔵』あたりで正式法律名を確定させる。 サッカーくじ法 ⇒ スポーツ振興投票の実施等に関する法律
(平成10年5月20日 法律63号)

◎あとは六法、『現行日本法規』(ぎょうせい)、『現行法規総覧』(第一法規)の条文を提示して オ・シ・マ・イ!!

財務諸表等の用語、様式及び作成方法に関する規則《財務諸表規則》 …… 四五四八②

酒に酔つて公衆に迷惑をかける行為の防止等に関する法律 …… 三二九②

サッカーくじ法 →スポーツ振興投票の実施等に関する法律

サービサー法 →債権管理回収業に関する特別措置法 …… 三三〇四①

砂防法 …… 三二六八①

サリン等による人身被害の防止に関する法律 …… 一七六五②

| Ref 6 | REOスピードワゴンというロックグループに関しての雑誌記事を探している。　　[国会研 H11 演習] |

《戦略》① 雑誌の記事を探している⇒雑誌記事のリスト【雑誌記事索引】

② 「雑誌記事索引」でよく使うのは次の2つ！
　　●『大宅壮一文庫雑誌記事索引総目録』
　　　　　→ 商業誌・女性誌・週刊誌などの軟派系
　　●国立国会図書館の『雑誌記事索引』
　　　　　→ 学会誌・専門誌・大学紀要などの堅目の雑誌

③ 「REOスピードワゴン」はロックグループなので記事が載るとすれば、ポップス系・若者系・女性誌など

④ すると『大宅壮一文庫雑誌記事索引総目録』だな‼

◎『大宅壮一文庫雑誌記事索引総目録』の各ユニットをみると.

・I期分（～1984）　13冊 ---- 2件…レオ・スピードワゴン項
・1985～1987年版　4冊 ---- 2件　アール・イー・オー・スピードワゴン
・1888～1987追補版　I冊 ---- 8件　として配列
・1988～1995年版　I0冊 ---- 0件
・1996年～（CD-ROM版）------- 0件

以上12件をヒットさせました。

| 現場ではよくあるのですが、このケースも記事が掲載されている雑誌そのものの選択にまですすみます。
現物を調達し それを利用者に提供して完結するレファレンスなのです。 |

　　　　→ 資料提供としてのレファレンス・サービス.

| Ref 7 | よく時代劇で使われるセリフ「持病の**しゃく**」とはどんな病気なの？ [なごやレファレンス探検隊] |

- 旅の途中の若い娘が松の木の下で苦しんでいる。}こんなシチュエーションが目に浮かぶ
 じじい：「娘さん、どうなされた？」 } 「感徳屋、お主も悪よのう…」
 むすめ：「**持病のしゃく**が…… イタタタッ！」} といい勝負！！

《戦略》言葉の意味を調べるのだから → 辞典（ことばてん）

(① 一般的な辞典（『広辞苑』みたいなヤツ）
(② 医学モノ
(③ 時代劇関連本、あるいは江戸本

① では 『日本国語大辞典』 が判りやすい。
② としては、『歴史の中の病と医学』(思文閣出版)、『近世
 病草紙』(平凡社)、『鍼灸医学辞典 』(医道の日本社)に
 詳しく説明されている。
③ は、『江戸語辞典』(東京堂出版)、『江戸語大辞典』(講談社)
 あたりに出てきます。

| 下情報 | → 『江戸の医療風俗事典』 (東京堂出版) はどうでしょう？ |

「江戸語辞典」
しゃく 〔癪〕 種々の病気によって起こる胸・腹部の急激な痛み。さしこみ。女性特有の病気で、女郎がよく手管に使った。

「大漢和辞典」
癪 22626 国国
しゃく。 さしこみ。激動・組品。暴飲暴食・冷気等によって起こる急激な痛。胃痙攣・子宮痙攣・胃痛など。○感情。癪にさわるといふム感情を害す

「平凡社大百科事典」
しゃく 癪
近代以前の日本の病名で、当時の医学水準でははっきり診断できないまま、疝痛のともなう内科疾患の、一つの症候群のように一括されて呼ばれていた俗称の一つ。単に癪ともよび、《癪気》ともいわれ、また《疝気と婦人では癪》ともいわれ、平安時代の《心労》では、陰陽の気が内臓の一体に鬱積して癪痛をなし、癪の症状を呈すると説かれ、内臓に気が鬱んで癪痛のようなものができて発症すると考えられ、癪には日本人に多い胃癪であることもあったと思われる。徳川家康の死因となった胃癌の疑あるいは癪というのは、この胃癌にあたると推定される、いっぽう、江戸時代の《癪治》などに《胸へさし込みて》という表現があるように、癪気の治も癪、腹部、下腹部の疼痛を主症とするのに対し、癪はおもに胸部の疼痛を指示するものが多く、たとえば心筋梗塞のような発作が起こったのを癪と考える。また痙攣性石発症をともなう女性のヒステリーなどの精神疾患も含まれていたと考えられる。 立川昭二

「日本国語大辞典」
しゃく 〔癪〕 ① 病気は最初におこる...

| Ref 8 | 長崎の出島のオランダ商館には、どんな商館長がいたのですか。全員のリストのようなモノはないですか？　[浦安社中央] |

《調査戦略》
① 日本歴史の専門事典にあたる.
　最初の1手は { ・『国史大辞典』(吉川弘文館、15巻17冊)
　　　　　　　 ・『日本史大事典』(平凡社、7巻) あたりです.

② 日本史のデータ集・資料集にあたる
　　　　　・『日本史総覧』(新人物往来社、9巻)
　　　　・『読史備要』(講談社)・『読史総覧』(新人物往来社)

③ (大図書館なら)『長崎市史(芯)』類や オランダ商館や出島の研究書

⊚普通は①ですね.
たとえば、・『国史大辞典』--- 「オランダ商館」項. 解説のあとに
　　約3pを使って(平戸時代も含めた)全員のリスト(有)
　　　(名前)(日本語表記と原綴)・(在任期間)
　1609年から1860年まで　約250年　162代が一覧できる.

　　　・『日本史大事典』--- 解説は『国史大辞典』より詳しいが、一覧
　　　は無し. 解説中に有名な商館長(カピタン)は7〜8名出てくる.

　『角川日本史辞典』・『日本関係海外史料　オランダ商館長日記』
(東大史料編纂所)の解説　に 一覧(有)
⊚ ②の方法だと、『日本史総覧』・『読史総覧』に(有)
　　　(戸 情報)
▶『角川日本史辞典 新版』(96)の付録に「オランダ商館長一覧」(3p分)
　1609-1860の全員のリスト (カナ、原綴、在任期間あり)
※ この辞典では「十干十二支」(4番)や 螺髪の読み(49番)も判明する
ので、戸氏は「コンパクトな日本史辞典として使いやすい」と言ってます. お試しを!!

Ref 9	「豊田市」が政令指定都市のようなものに指定されたのだが、どういう名称で、政令指定都市とどう違うのか？

〔名古屋市鶴舞中央〕

（戦略）質問受付時のキーワードは「豊田市」と「政令指定都市」の2つのみだから、地方自治（NDC318）の観点で調べるか、「政令指定都市」という言葉にこだわるか、の2通りである。

① 地方自治（318）系の調査…『全国市町村要覧』、『地方自治年鑑』のコンビをめざす。たとえば『全国市町村要覧』の〈参考資料欄〉を見ていくと、「政令指定都市一覧」のあとに「中核市一覧」があり、豊田市（98.4.1指定）載っている。（クサイ!!）ということで…。あとは地方自治の辞典や『現代用語』3兄弟あたりで「中核市」、「政令指定都市」をひいて、確認ができた。両者の比較を提示する。（下のように）

② 「政令指定都市」という言葉から。…『現代用語の基礎知識』、『イミダス』、『知恵蔵』の、いわゆる「現代用語」3兄弟にあたる。

③ 都市制度なので『日本都市年鑑』を手にする。

④ 地方自治や都市制度関連の雑誌もバックナンバーにあたる。

⑤ その他
・たとえば "Yahoo 政令指定都市"、中核市の解説もでてまた豊田市も指定されたことがわかる。
http://www.ttrim.or.jp/~ishatolcities/tyuk…

⑥ 『地方自治年鑑』は2001版から作用中です。

政令指定都市

地方自治法252条の19～21により、政令で指定される人口50万以上の市で、大都市行政の特殊性に応じて一般の市町村とは異なった行財政上の特例を設けたもの。実際には人口100万人以上の市が指定されている。政令指定都市には、道府県の事務権限のうち、福祉、衛生、都市計画などの18項目の事務が一括して移譲されるほか、個別法により国・県道の管理などの権限も移譲される。政令指定都市の事務を分掌させるため、市内をいくつかの区に分け、各区に区役所を置き、区長以下の市職員を配属させている。1956年に制度化され、同年に大阪市、京都市、名古屋市、横浜市、神戸市、63年に北九州市、72年に札幌市、川崎市、福岡市、80年に広島市、89年に仙台市、92年に千葉市が指定され、現在は12市。2001年5月に合併で誕生したさいたま市が03年4月からの政令指定都市をめざしている。市町村合併による70万以上の都市への適用も検討されている。

中核市

人口30万以上、面積100km²以上の自治体に政令指定都市（⇨別項）並みの権限特例を認める制度。1996年4月1日から12市が中核市に移行したのを皮切りに、2002年4月現在、30が指定されている。なお指定要件のうち、人口30万～50万人未満には昼間人口比率が100以上であることを要したが、地方分権一括法による地方自治法改正で削除された。これにより新たに川越市、横須賀市、岡崎市、高槻市、奈良市の5市が要件を満たすことになった。また首都圏・近畿圏などにある面積が100km²に満たない大都市につき、これが中核市に該当しないとの批判があり、02年4月から人口50万人以上の都市では面積要件が削除され、これにより、新たに船橋市、相模原市が資格を有することになった。

from「イミダス2003」

| Ref 10 | 古代のハスで、「大賀ハス」というものがあるそうだが、どういうモノか知りたい。　　　〔大分県立〕 |

《調査戦略》 唯一のキーワード「大賀ハス」で事典(ことてん)の 索引 を引く

▶百科事典 を使う。たとえば ① 『日本大百科全書』(ニッポニカ、小学館)
索引 を「大賀ハス」で引く ⟶
ゴチック体ではないので、「大賀ハス」は独立項目としては解説されていないが、「大賀一郎」項、「検見川」項、「ハス」項でそれらの観点から解説されています。　　　〔TBS〕
② 『ブリタニカ国際大百科事典』(ブリタニカ)
③ 『万有百科大事典』(小学館)
　②・③とも用意されている 索引 を使えば 解説項目でなくとも解決します。

| オオガニ　　→タカアシガニ⑭624B |
| オオカニツリ　→トールオートグラス⑰293B |
| 大賀ハス　→大賀一郎③876D　→検見川⑧257D　→ハス⑱721A |
| オオカバマダラ〔大樺斑蝶〕　③879B⑤ |
| オオカブ　→スウェーデンカブ⑫872D |

以上のように 事典(ことてん)は 索引 を使ってナンボのものです。索引を使わずに 普通的に引いてしまうと、①・②・③からは「大賀ハス」の多彩な解説は発見されません。

▶植物系 ---- 『朝日百科④ 世界の植物⑥』の「ハス」項に「大賀ハス」の解説あり〕
▶園芸系 ---- 『原色園芸植物図鑑』(北隆館)、『講談社園芸大百科事典』、『園芸植物大事典』(小学館)
▶大賀一郎が判明すれば 伝記から ---- 児童書に大賀先生の伝記が2冊あります。

Ⓕ 情報

・『蓮 ─ハスをたのしむ』(ネット武蔵野)
　写真が中心で、大賀ハスの写真、解説、大賀一郎博士についても わかりやすく書かれています。
▶国会oPAC 検索より。
　『大賀ハス』(千葉市立郷土博物館 ∥∥) 56p 26cm
　　これは未見です。
　　検見川 → 千葉の地域資料 という観点もありなのですね。

Ref 11	カナダのバンクーバー市を漢字で書くと、どんな字なのですか？ [　　　]

① 都市名だから地名辞典の類（しかもちいさっ程よい）
- 『世界地名大辞典』（南光社、昭10）では「晩香坡」
　　　　　　　　　　　　　　　　　　　（Vancouver）

② 国語辞典 から
- 『大辞林』（三省堂）→「晩香波」

③ 宛字辞典類 から
- 『あて字用例辞典』（雄山閣）→「温古華」
- 『当て字の辞典』（東京堂）→「晩香坡」
- 『宛字書きかた辞典』（柏書房）→「晩香坡」、「晩香波」、「晩売坡」、「万古洼」、「蕃古洼」、「蕃古洼」、「温古華」、「凡古斐」、「凡庫非」。
　　　　　　　　　　　　　　　　　　　　　　9種類

④ 漢和辞典 巻末資料の「主要国名地名漢字表現表」的なモノから
- 『新明解漢和辞典』（三省堂）→「晩香坡」と「凡庫非」
- 『大きな活字の三省堂漢和辞典』（三省堂）→「晩香坡」
- 『三省堂新漢和中辞典』→「晩香坡」
- 『大きな活字の漢字表記辞典』（三省堂）→「晩香波」
- 『大漢和辞典』（いわゆる諸橋大漢和、大修館）→
　　　　　「晩香坡」、「温哥華」、「凡庫非」、「蕃古洼」

※ この種の傾向に強い『宛字外来語辞典』には めずらしくバンクーバーは採録されてない。
※ 三省堂の漢和辞典はこの種に強い。（その分、国字には弱いネ）

| Ref 12 | 妹尾河童さんの奥さんが書いた本を読んでみたい。どうもエッセイストらしい。　（読書案内ですネ）　　　[　　　] |

(戦略とプロセス)
① 妹尾河童氏の奥方の姓,名を確定させる。
② 判明した著者名で、全国書誌・出版書誌等をあたり、
③ その所蔵を確認し提供する
④ 所蔵していなければ（予約）・（相互貸借）・（協力貸出）・（新規購入）にまですすみます。

◎戦略①に関しては、妹尾河童氏の奥様だからといって「妹尾」とは限りません。
　ここは唯一のキーワード「妹尾河童」を調べることで奥様の姓名を確定しよう。
　　　⤷ 現在活躍中の人物の家族等の情報が出てくるモノ
　　　　　　　　　　　↓
　　　『現代日本人名録 2002』又は『同書 98』
　奥様の姓名は　| 風間 茂子 | ←

◎戦略②では、出版年がわからなくても確定できる全国書誌・出版書誌としては。
　国立国会図書館の目録（JAPAN-MARC ≒ J-Bisc）やTRCD、
　『日本書籍総目録』（冊子体 & CD-ROM版）あたりですが、

　次の3冊があります。（まだ購入できます）
　　・『なるほど家事の面白ブック』（三笠書房）
　　・『心のこもった冠婚葬祭』（永岡書店）
　　・『まま子 実の子 河童ン家(5)』（文芸春秋）

Ref 13	江戸時代に『東雅』という文献が刊行されているが、どんな分野のどんな作品？ 活字本で読めるかな？[かいか区]

江戸時代の文献 ＋ "活字本で読めるかな？" ＝ 『国書総目録』の(活)情報	ですね！

▶ 東雅のヨミ … 普通は音読みだが、歌舞伎などの外題は訓＋特殊なので注。
   その場合は『国書読み方辞典』(おうふう)で確かめよう。

▶ どんな分野のどんな作品？ …… 先ずは『国書解題』類で。
   普通は『広辞苑』のほか、下記の資料で概略を提示し
   それから活字本を調達する方向にいくようですネ。

▶ 東雅についての説明は、
   『日本国語大辞典』(小学館) 『日本古典文学大辞典』(岩波)
   『日本史大事典』(平凡社) 『日本歴史大辞典』
   『国語学研究事典』(明治書院) などにあります。

▶ 『大百科事典』(平凡社)でも『広辞苑』レベルの情報は得られます
   ↳
   語学書。新井白石著。1719年(享保4)成る。中国の「爾雅」などにならって、
   物6かんこその語源的解釈を施した分類体語源辞書。

実際の調査 ――――
   「トウガ」で『国書総目録』をひく。2件あり (『古典籍総合目録』では白石のみ)
   Ⓐ：新井白石 … 20巻 (自) 語学 (活) 新井白石全集4，東雅 (大槻如電・明36)
   Ⓑ：荒木延喬(李繁) … 3冊 (自) 語学
   この段階でお客さんとやりとり。「ⒶⒷどっち？ それとも両方？」とか。
   お客さんは「多分、白石だろう」ということで。あとは調達だけ。ラッキー!!

◎大きめの図書館で、ネット遡及入力されているOPACでは、「東雅」で
   ・『語源辞典 東雅』(名著普及会、'83)。『日本の思想⑬新井
   白石集』(筑摩書房、'70)。『日本思想大系(活)新井白石』(岩波)
   ・『東雅』(影印翻刻・解題) 2冊 W大出版部 あたりがヒットするでしょう。
   あとは書誌の確認(あるいは予約→貸出)をしましょう。

下情報 …『日本辞書辞典』(おうふう、'96) … 解説と収載文献も有。(役立5資料ですと)

| Ref 14 | 岩手県にある 小岩井農場 の名前は、創設者の名にちなんでつけたらしいが、それは誰ですか？　［国社研 H11 レファ演習］ |

これは単純な事実調査です。いわゆるクイック・レファレンスなので初手で求めよう。
キーワードは「小岩井農場」1本だけです。

◎普通は自館の使い慣れた 百科事典 で(O.K)でしょう。

小岩井農場 ｛ (小)野 義真 （日本鉄道会社 副社長）
　　　　　　 (岩)崎 弥之助 （三菱社・社長）
　　　　　　 (井)上 勝 （鉄道庁長官）

その他の資料では、たとえば、
・『広辞苑』(岩波)・『日本国語大辞典 2版』(小学館)・『国史大辞典』
(吉川弘文館)・郷土資料事典シリーズの岩手県・『小岩井農場七十年史』ほか

［下情報］
"小岩井農場"と言えば 宮沢賢治 だ！（卒論のテーマだったもので…）
『宮沢賢治語彙辞典』（東京書籍）＜小岩井農場＞の項目

小野義真 （後援者）　｝　肩書はないが、役割あり。
岩崎弥之助（出資者）　｝　『日本歴史地名大系③』(平凡社)
井上 勝 （創業者）　｝　『日本地名ルーツ辞典』(創拓社)
　　　　　　　　　　　　　　と同タイプの記述。典拠が同一？

◎(岩)崎弥之助を「弥太郎」としている資料もあります。『日本大百科全書』など
［下情報］
　"弥太郎"が"弥之助"か？
　　傍証として、二人の生没年を調べる
　　・岩崎 弥太郎 1834 - 1885
　　・ 〃 弥之助 1851 - 1908 ← こちらではないか？
　　・小岩井農場の創業は 1891（明治24）年

※『日本国語大辞典』は "74 初版は"弥太郎"。01 第2版より"弥之助"
　『大辞林』(三省堂)は "99 新装第二版でも"弥太郎"のままです。

(弥之助)ですネ。小岩井農場まきば園のパンフレットでも 弥之助さんです。

Ref 15	『ポツダム宣言』の全文（日本語）を探している
	[葛飾区立]

《実践的手順》 使い憤れている 歴史系「事典」(じてん)や百科事典 で
「ポツダム宣言」を引き、その解説から 基本的知識 を把握する。全文そのもの
が載っている場合もあるし、参考文献 として有力な 情報源 (次に手にするもの)
を知ることもできる。

戦略 ① 歴史分野 (昭和史、太平洋戦争 関連など)
　　　たとえば『昭和ニュース事典』(毎日コミュニケーションズ)8巻のp.210-237
　　　　　　　『戦後史資料集』のp.178前後
　　　　　　　『日本史史料 [5]現代 』(岩波)のp.144～
　　② (大きく見れば)外交問題・多国間条約 とも言えるナ‼
　　　と思いつけば 外交資料(NDC319)や条約集(NDC329)の棚
　　　　・『日本外交主要文書・年表』(原書房)
　　　　・『日本外交年表並主要文書(下)』(原書房)
　　　　・『主要条約集』(外務省) 　には 英文・日本文併記
　　　　・『国際条約集』(有斐閣) ・『ベーシック条約集』(東信堂)
　　　　・『基本条約・資料集』(東信堂) など

　　③ 日本にとって重要な文書なので。
　　　　・『六法全書』(有斐閣)・『岩波大六法』にも載っている。

　　④ その他
　　　　・『日本大百科全書』(いわゆるニッポニカ、小学館)
　　　　　解説の他に全文も出ている。

レファレンス事例50題………91

| Ref 16 | **2100年と2101年のカレンダー**
をみたい。　　（こういう形のヤツで→） | 2月
日月火水木金土
1
2 3 4 5 6 7 8
9 10 11 12 13 14 15
16 17 18 19 20 21 22
23 24 25 26 27 28 | 3月
日月火水木金土
1
2 3 4 5 6 7 8
9 10 11 12 13 14 15
16 17 18 19 20 21 22
23 24 25 26 27 28 29
30 31 |

（斎藤が 現役司書から 富士大学教授に転身
した 2000年に、同僚の教授からの質問でした。）

▷質問者本人は Windows のアクセサリーにあった事思い出し
それを のぞいてみたけど。

　　『残念！ 1980〜2099年だった』 と言っていた。

▶別の調査の時、『現代用語の基礎知識』・『イミダス』・
『知恵蔵』のどれかに、確か 200年分ぐらいのカレンダーの
形をした 暦 を見た記憶がある！　　　［Ｆ情報］

↓

お客さん(教授)といっしょに「現代用語3兄弟」
をのぞくが・・・・・

バック・ナンバーの「スーパーカレンダー」
（不定期掲載）は 2101年まで
載っていないので、粘ってラッキー!!

↳ おかしい？ 無い！ → 弘前あたりのバック・ナンバーで、とも思った
　　　　　　　　　　　　　　が、別冊付録類も見ると ［ヒット］

☆『イミダス2001』の 別冊付録「世界史アトラス」の P.138-141

|２世紀スーパーカレンダー| とに、1873-2101 あり
　　　　　　　　　　　　　（すべり込みセーフ!!）

（追加）：スーパーカレンダーの掲載状況
　2002年版・・・X, 2003年版本誌にもどる、(有) P.1192〜1195, 2004年版・・・X

Ref 17 「冬眠鼠」のヨミと意味を知りたい． ［大分県立］

これは「冬眠鼠」のヨミが何分で解決するかで調査の良し悪しが決まる．

戦略① 読めない漢字 ⇒ 難読語だ！ ⇒ 「難読語辞典」

戦略②「冬眠」といい，「鼠」（ねずみ）といい，動物臭がするので，NDC 480（動物学）の棚で資料選びをする．

① では ｛・『音訓引 難読語辞典』（日外アソシエーツ）
　　　　・『大活字 難読語辞典』（東京堂出版）｝などで，
(冬眠鼠＝やまね)を確定し，辞典（ことばてん）・事典（ことてん）類で詳しい解説をゲットします．
　ヨミさえ判かれば，『広辞苑』（岩波）・『日本大百科全書』・『ブリタニカ国際大百科』・『平凡社大百科事典』など よくお使いの参考図書にけっこう詳しい解説が載っています．

②ꜝ お客さんが二次質問で「やまねの写真もあれば…」ときたら，『動物大百科 5 小型草食獣』（平凡社）などの図鑑を提供することになります．児童資料の図鑑類もたいへん役立ちます．

③ としては，『動植物名よみかた辞典』（日外アソシエーツ）などというこの質問にはそのものズバリの資料を発見できる図書館もあるでしょう．

そういえば，八ヶ岳・夏沢峠の某山屋は「やまね」がうりです．天井に住んでいて，夜ちゃんに活動します．やまねの写真もたくさんかざってあります．食事は平均レベルでした．

Ref 18	森高千里が『ロックンロール県庁所在地』で歌っている宇都宮のあとの「しもつかれ」って、どんな食べ物なんですか？　［立川 柏］

▶最大のキーワード（しもつかれ）で、辞典（ことばてん）・事典（ことてん）を引く。

ヒットする資料 → 『広辞苑』（岩波）・『日本国語大辞典』（小学館）
『日本語大辞典』（講談社）・『大辞林』（三省堂）など
『日本大百科全書（ニッポニカ）』・『大日本百科事典
（ジャポニカ）』（ともに小学館）・『平凡社 大百科事典』など

（いかんせん文字による説明で、イメージはづらいなぁー）

▶（栃木県）という地域から

『栃木県大百科事典』や『栃木県民俗事典』・『関東の民俗（栃木県編）』あたりでも ○.K

▶（郷土料理）の観点‥‥このタイプは写真も多いので 喜ばれるねェ

『聞き書 栃木の食事』（農文協）・『東京で食べるふるさとの味』（毎日新聞社）
『郷土料理』（婦人画報社）・『旅の事典 郷土料理と味の店』（日本交通公社）

（下情報）‥‥『日本の郷土料理③ 関東』（ぎょうせい）‥‥レシピとカラー写真もあり

▶ 一般的な食べ物本にも 『料理食材大事典』（主婦の友社）・
『調理用語辞典』（全国調理師養成施設協会）

（下情報）‥‥しもつかれの、まるごと1冊本がありました！

『ある郷土料理の1000年 〜「元三大師の酢ムツカリ」から「シモツカレ」へ』
（文芸社 '02）　［調布市立田 よりよ/マ］
平成13年（2001）より、今市市にて 初午のころに
「全日本しもつかれコンテスト」を 開催 しているそうです。

◎斎藤も18歳まで群馬県桐生市で育ったので、足利や足尾方面で食べたこと有り。
あの頃でも（マズクはなかったが）決してウマイものではなかった。ヒズ（シャケの頭）が
好きだったので食べました。
◎3〜4年前、雑誌『サライ』を楽しんでいたら、しもつかれと鬼おろしがバーン‼載っていた。

Ref 19	日本でもピルが解禁されたはずだが、いつだったか 日付（年月日）が知りたい。　　　　　　[都立央]

《戦略》（この段階ではまだ）「日付が知りたい」という単純な質問だから、(関係分野)の 年刊・年報・年鑑 類や(現代用語三兄弟)あたりで…
　　　『現代用語の基礎知識』『イミダス』『知恵蔵』く

もちろん 新聞記事索引・雑誌記事索引 や、主題そのものである いわゆるピル本でも容易に判明しますが…

▶(解禁)という言葉なので、普通は一般的に使用できるようになった日、でよいのでしょうが、「新薬」なので。

1999.6.2	中央薬事審議会で承認	この流れが典拠資料
6.16	厚生省で認可	で判るとバッチリ
9.2	使用開始（販売）	でしょう。

年刊・年報類も 現代用語三兄弟も、最新号よりも
タイトル刊年表記 2000年版（内容は1999年）のほうが
詳細な解説であることは言うまでもありません。

▶この質問は多分、第二次質問が続くタイプです。
　　たとえば、副作用問題、実際の処方（入手方法）とか。
　そうしたら、今はたくさん刊行されている いわゆる ピル本 にあたる
　ことになります。
たとえば、・『ピルのことを知りたい』（岩波ブックレット、1999.7)
　　　　　・『ピルの危険な話』（東京書籍、2000.3)
　　　　　・『ピル』（集英社新書、2002.1) などですネ。
▶現在では「いきなり棚あたり」方式でもスンナリと回答もできます。
　↳NDC 495.48［人工避妊］あたりかな？

レファレンス事例50題………95

| Ref 20 | 「1年のうちに春が2度来た」という意味の和歌を探している。有名な和歌らしいのだが、作者・全句・歌集名を知りたい。　　　〔難しい課題？〕 |

私の経験では、図書館に寄せられる和歌のレファレンスのほとんどは、有名な古典和歌、『万葉集』であったり、『古今』や『新古今』などの勅撰集の和歌でした。しかも このケースが、句のいくつかを記憶しているものです。

このタイプには、①利用者の言葉（現代語）を和歌言葉・古語にどう置き換えられるか、②5・7・5・7・7のどの句からも検索できる「全句索引」が必要です。

――――見本の額直手法（菅原妙子‐元帝神山短期大学・現聖徳大学教授）による）――――
① 『新編 国歌大観』各巻の「全句索引」を引くことも考えたが、膨大な量だし、
↓　　　私も聞いたことのありそうな有名な和歌だから‐‐‐‐
② いつもお世話になっている『通解名歌辞典』（創拓社、'90）で!!（全句索引）
　　キーワードは春だが…⇒ 立春；春来（はるはきにけり）、年内（としのうち）、1年（ひととせ）
　『通解名歌辞典』の「全句索引」を引くと
　　・「春は来にけり」（8首）
　　・「一年（ひととせ）を」（1首）｝1815番の和歌がダブる
　　・「年のうちに」（2首）
　　　　　　　　　↓
　　『年のうちに 春はきにけり ひととせを こぞとやいはむ ことしとやいはむ』
　　　『古今和歌集 春上』の 在原元方（ありはらの もとかた）読める

　↳ コレ、『古今集』冒頭の和歌、気質えの歌論と共に 高校時代の「古典」でやったような気が…

▷なお「年内立春」を流っている次の4首も「1年に春が2度」です。在原元方のモノとあわせて展示できたら ぬかりない回答といえるでしょう。
・ひととせに 二度は さちぬれじ 老木の花は いかが咲くべき〔藤原伊尹・夫木和歌抄〕
・はゆけは おそばぎろ花む ひととせに ふたたびさける はるのうぐひす〔大上天皇・続古今和歌集〕
・ひととせに かさなる春の あらばこそ ふたたび花を 見むたのしめ〔読み人知らず・儀撰和歌集〕
・年のうちに 春たちぬとや 吉野山 かすみかかれる みゆのしら雪〔皇太后宮大夫俊成・新俊撰集〕

㊟藤原定家にも「年内立春」歌があったような記憶が‐‐‐‐何だっけ？
㊟同じ『古今集』のオナカゼの
・雪のうち なゆに鶯 ひととせに ふたたびさたに 来べき春かは〔藤原興風・『古今集』〕
は、「春は2度来ないので、今のうちに 鳴いておけ」が歌意でしうから 違う!!

| Ref 21 | 地球の経度が 1度違うと、赤道と北極近くだと、経度間の距離はずい分違うよねェ。〔浦和市東浦和：当時〕 |

⊗浦和の子どもから東浦和図書館への質問です。なんでも切ったスイカの形をみて質問してみたらしいのです。

▶この手の質問には、「何は無くとも江戸紫」…ではなく『理科年表』でした。クイック・レファレンスとしてこの1冊で解決してしまう質問も多いし、解決しないまでも相当に枠がしぼれますから あとが楽です。自然科学系に弱い諸集団は まず『理科年表』をマスターしましょう。(私も)コーヒー4杯分ぐらいの代金で手に入るので、個人的な「読みモノ」としてもよい。

・『理科年表』の「地学部」中の"地球の大きさに関する表"に、「経度1度に対する弧の長さ」(北緯5度単位で表になっている)
   { ・赤 道 (緯度 0°) ---------- 111.319 km
     ・北極付近 (たとえば北緯85°) ------ 9.735 km

▶実践ですと 子どもからの質問なので 児童資料で対応する司書も多いでしょう。
・『玉川児童百科大辞典』(玉川大学出版部)
   6巻「地球」の巻末資料「地球の大きさ」に、緯度1度ごとの経度1度間の長さが出ている。(『理科年表』より詳しい)
・『小学館の学習百科図鑑 ―地球―』(小学館)
・『地球と宇宙の小事典』(岩波ジュニア新書) でも判明します。
・『地球 ―自然と気象』(小学館)にも 文章中に出てくる。

▶「地図」に関する読み物でも解決する。
   ・『地図通になる本』(オーエス出版) ・『地図』(学研)
   ・『たのしい地図入門』(ポプラ社)・『楽しい地図の世界』(ワンダーワールド26)(TBSブリタニカ)など

ヒャー!!

ウビョー!!

計算しようと考えるのは
NO-GOOD!!

| Ref 22 | 山口県の大津郡にあるらしい「いがみ小学校」と「むかっく小学校」とはどんな漢字なのですか？ [名古屋市鶴舞中央] |

戦略
- ① 小学校の名等ならば漢字表記のはず → 何があったっけ？
- ② 地域名を冠にした小学校名と思える → 地域調査の Ref. Book だ
- ③ 山口県大津郡の地図（たとえば 1/2.5万地形図）ではどうだろう。
- ④ 山口県の電話帳も漢字表記のはず

①の調査 [小学校のリスト系]

『全国学校総覧 △△年版 国公立編』（原書房）を使う。

[小学校部] の「山口県」部分、大津郡内の油谷町にあり。
油谷町の5小学校 → 伊上、油谷、文洋、川尻、向津具
　　　　　　　　　　　↑(いがみ)　　　　　(むかっく)┘

②の調査 [地名調査系]

『角川日本地名大辞典 35 山口県』を手にする。

大津郡油谷町の解説 (p. 1139-1143) 中の「現行行政地名」に
- 伊上 (いがみ)　　　　：～住民1014人 → 伊上小学校 ～
- 向津具下 (むかっくしも)：～住民751人 ～ 向津具小学校～

③は「各種地図の大津郡管内の部分」　(地名総覧)
　旧県南工業商(現志高校)の人たちは『日本分県地図』(人文社、あの重いヤツ)を使った
④ 全国電話帳を所蔵している図書館では 山口県電話帳 で◯.K

(注)『全国学校総覧』は 2004年から 1冊に統合されました

Ref 23 胃カメラを開発した お医者さんをモデルにした
小説は この図書館にありますか？　　[有中杜快]

・この質問は 最後に「著者はネ、もしかすると新田次郎かも知れない---」
　という ひと言が つけ加わっていました。(どうしても印象強くなるから)
・若い司書は「新田次郎」の線から調べてしまい 行き詰まってしまいました。
▶以下は ヘルプした ベテラン司書・鳥羽和子氏の調査プロセスです。
　① それなら、私は (胃カメラ) の線から----
　　まず、信頼感の高い『日本大百科全書』(ニッポニカ、小学館)をひく。
　　ヒット　　・開発者は、宇治達郎(ウジ、タツオ)1919～1980 東大病理学
　　　　　　　杉浦睦男・深海正治 (ともにオリンパス光学)
　　　・項目の最後に 参考文献として『光る壁画』(吉村昭、新潮社、'81)　(怪しい!!)
　② 医師・宇治達郎 の調査　　　　　　　　　　　　　　(やっぱり)
　　『現代日本 朝日人物事典』(朝日新聞社、'90)によると、
　　「開発の経過は 吉村昭の小説『光る壁画』に描写されている」とあり
　③『光る壁画』は 所蔵。内容を確認して 提供

▶私(斎藤)も 毛色の違ったヤツでも判明しないか どうか やってみたら---ヒット
　・『大宅壮一文庫雑誌記事索引 総目録』の件名索引
　　「胃カメラ」 ⇒⑥ 847 ---- 6巻 p.847 以降を見ていくと
　p.848 に、「ポスト・ブック・レビュー 『光る壁画』吉村昭著 胃カメラを
　めぐる偏狂素朴な戦い」(『週刊ポスト』1981.7.3号) とあり、
　小説の内容は 宇治さんよりも、実際に　　　ウーム、大鹿氏が担当していた あの頃の
　機械をつくった オリンパス光学のコンビが　ポストの書評欄はすぐれていたよなー!!
　中心ですが、お客の探しているのは コレですね

◎NHKの「プロジェクトX」でも やっていたから、次の文献も喜ばれるかも----
　・『プロジェクトX 挑戦者たち① 執念の逆転劇』(NHK出版、'00)
　　　　　　　　　　ビデオもあります。
　・『胃カメラの技術物語 ー 胃カメラの歴史を7つのキーワードで探る』(めいけい出版、'99)
　　　　　　　　　　　　　　　　　　　　　　　　　など

| Ref 24 | 別府湾付近でとれるカレイは特別な名前で呼ばれるらしい。なんて名前？美味だそうです。　　［　　　］ |

《戦略》食材・魚のカレイだから---
① 魚類の事典や図鑑類（あるいは百科事典でも）
② 食材としてのカレイに着目し、その分野の各種資料
③ 別府湾付近が産地らしいので
　　(3-1) 別府あるいは大分県資料
　　(3-2) その地方の名産品 という観点

∴ [下情報]だと児童本でも解決する → 『朝日学習年鑑 2003増補』ほかで、

▷実際に調べてみると、「最初の一手」とする人が多いと思われる
　魚類の事典・図鑑で「カレイ」方式は、意外と回答に行きつかない。
　（シロシタガレイと判明していて それがどんな姿なのか---、ならば O.Kなのだが）
　「カレイ」項を慎重に調べるとなんとか判明するのが、
　『日本産魚類大図鑑』(東海大学出版会)、『魚の事典』(東京堂出版)、
　『世界文化生物大図鑑 7 魚類』(世界文化社) あたり。
　・百科事典では『平凡社大百科事典 3』の「カレイ」項に シロシタガレイ
② 食材では----『材料・料理大事典』(学研) の「カレイ」項の 解説中に
　「マコガレイ」部分あり、その文中に 大分の シロシタガレイ は「美味で珍重される」
　『味公爵 10』(講談社)の「まこがれい」項には「---城下かれい と呼ば
　れた。さしみは絶品。」とあり。　　[万情報]『日本の郷土料理 ⑪ 九州 I 』
　　　　　　　　　　　　　　　　　　　　刺身のモノクロ写真もあり
(3-1) 大分県資料では---
　・『角川日本地名大辞典 44 大分県』の「別府湾」項に シロシタガレイ
　・『大分百科事典』でも判明する。
(3-2) 名産品らしいから--- →『日本の名産事典』(東洋経済新報社) で O.K
　・『郷土資料事典・観光と旅・県別シリーズ 44 大分県』(人文社) 内の、
　「大分のあれこれ」中の 名産品紹介のところに シロシタガレイ
　[下情報]・『聞き書 大分の食事』(農文協) で「日出(ひじ)の城下かれい」

魚名調査が 4類 (魚類図鑑 など) のほかに、O類 (百科事典)、2類
(地理)・5類 (食材)・6類 (物産-名産品) でも回答が得られるワケですネ

100

Ref 25	詩の賞で「H氏賞」というのがあるが、H氏というのはどういう人物なのですか？　　　[名古屋市鶴舞映]

（調査戦略）●文学賞関係本などで、まず（本名）を確認する
　　　↓　●それをキーワードにして各種の辞・事典で人物像を調査する

▷『最新文学賞事典 94/98』(日外)　　　｝の「H氏賞」項
▷『日本大百科全書』(ニッポニカ、小学館)

　H氏＝平沢貞二郎　氏と判明。H氏賞は平沢氏の寄付
により昭和25年に創設された。(解説によると、昭35まで匿名だったため、この偽名になった)

▷『人物レファレンス事典 明治・大正・昭和編』(日外)によると、「昭和期の詩人、実業家」のみ
▷『詩歌人名事典』(日外)によると、

　　平沢貞二郎 (生)M37.1.5 (没)H3.8.20 福井県生まれ 昭和期の
　　詩人、萩原朔太郎の「感情派」に拠る。プロレタリア詩人会結成、戦後、H氏賞
　　を設定。(昭和35年まで匿名だった) 協栄産業 取締役・相談役

▷『日本の詩歌 全情報 27/90』(日外)によると 平沢氏の著作あり
　●『街の小民』(平沢貞二郎著 章華社 1928. 127p)
▷『近代日本社会運動史大事典』に、生没年月日・出身地・出身校・含氏名 あり
　　　　　　　(人物)[明治大学 稲波信一学生の調画]

　(下情報)　　『大宅壮一文庫雑誌記事索引総目録』でヒットした5件の記事を読む
・『週刊朝日』(1988.5.10号)---写真あり。賞の報酬、H氏＝佐藤春夫説があったことなど。
・『アサヒグラフ』(1988.9.9) --- 社内のゴルフコンペにも "H氏賞" を創設
・『アエラ』(1991.9.3)---追悼記事に 写真とプロフィール38行。
・『文芸春秋』(1991.10月号)---墓標録 に 写真とプロフィール49行。
・『週刊文春』(1992.3.5)---「読むクスリ 419回 H氏賞の秘密」(32行のコラム)
　　　　　　　　　正賞として置時計が贈られ、副賞は現在 50万円
※ 下氏(藤村せつ子さん)は、あらためて『大宅壮一文庫雑誌記事索引総目録』
　　の偉大さをかみしめておりました。

レファレンス事例50題……… 101

Ref 26	戦争中に、召集令状の「赤紙」のほかに「白紙」というのがあって、庶民は恐れていたらしい。「白紙」って何なの？　　［長野県立］

このケース・タイプは、参考図書では解決しづらい質問です。解説を見つけても表面的な説明になりがち。

　むしろ 主題（昭和史・戦争史・庶民生活史誌、世相史など）の一般書（一次資料）の方が確率が高い。

《一般書》・『昭和 二万日の全記録』（講談社）：19冊目の全索引で「白紙」
　　　　　　　　　　　　　　　　　　　　　↓5巻目に解説あり。

・『図説・昭和の歴史　8 戦争と国民』（集英社）では
　　「…国民は赤紙（召集令状）に対して徴用令状を「白紙」といって恐れた」とある。

・『朝日歴史写真ライブラリー 戦争と庶民 1940～49 ②窮乏生活と学徒出陣』

・『戦中用語集』（三國一朗・岩波新書）…赤紙にはふれてないが「徴女検査」項内

・『大東亜戦人往来』（小関智弘、朝日新聞社）
　　┗世田谷区立図書館の當我部ローΑが「本の探偵」方式で見つけた。

｛・『昭和・経済史（上）』（日経新聞社）　　｝それぞれの観点から比較的
　{・『文化人たちの大東亜戦争』（青木書店）　｝詳しい説明がある。

→九段にある「昭和館」図書室の壬川裕子氏が発見。昭和館のOPACは、
　書籍のタイトルだけではなく、1冊1冊の(目次)のキーワードが引っかけられる
　優れモノです。(残念ながら外部には開放していない)

《レファレンス・ブック》
　『世界大百科事典』と『日本史大事典』（ともに平凡社）
　ともに 事典だから (索引)を頼る♪
　　　索引巻で 白紙(はくがみ)→「徴用」項に導かれる。
　　　「徴用」項目説明に「白紙」あり。

Ref 27	キューバ共産党系の新聞（機関紙だったかな？）**HOY** の読みとその意味は？　　[立川市立] & [三多摩レファレンス探検隊]

《戦略》この質問からパッと思い浮かぶ調査戦略は次の**3**つ。。。

① (まだ、この時点では) ただの 読み と 意味 だけだから ‥‥
　⇒ 公用語調べ と その 和辞典 でよい。
　キューバの公用語はスペイン語、だから 西和辞典 で HOY を引く。
　オイ；今日、本日、現今 とわかる

② 新聞 (機関紙？) だから ‥‥
　・『世界の新聞・雑誌ガイド』(JETRO) …出ていない
　・『多文化社会図書館サービスのための 世界の新聞ガイド』(むだかの会、JL4)
　　(※キューバではないが 同じ中南米 のドミニカ その他に
　　　HOY[オイ、今日] がある)

③ キューバだから ⟶ キューバ本、キューバ革命本 をあたる。

　▶『キューバ現代史』(ブラス・ロカ、三一書房 '63)
　　　の訳者はしがき に、
　　「‥‥。これは 1960年8月 ハバナで開かれたキューバ人民社会党
　　(人社党) 第8回全国大会における 同党書記長 ブラス・ロカの
　　一般報告である。同党機関紙『オイ』[HOY「今日」] 8月21日号
　　が入手できないので ‥‥ 」 とあり。
　▶『フィデル・カストロ』(紀伊國屋書店、'71)
　　巻末索引に「オイ」。本文に「ハバナの共産党機関紙『オイ』‥‥」とあり。
　▶『フィデル・カストロ』(角川、'69) ┐ 文中に「オイ」という訳語
　▶『フィデル・カストロ』(文藝春秋、'98) ┘ あり。
　※HOYのスペル、キューバ共産党系の機関紙などを知っているので「ヨミ」と「意味」
　だけではなく、もっと知りたい事がありそうだ。これも私の経験からすると、2次質問
　が来そうですね。 [実は]

Ref 28	都道府県の、県花・県鳥・県木・県章・県章の由来が わかる資料を探しているのですが---　　[大牟田市立]

調査戦略は2つ. Ⓐ--- 地方自治 (318) の資料　Ⓑ--- その他諸々

Ⓐ の場合

　① 『全国市町村要覧』----各県トップ頁に県章とその由来あり
　　　裏表紙見返しに県花・県鳥・県木ほかの 全国「一覧表」あり
　② 『地方自治年鑑』----県章の由来 以外は 有 (すべて絵入り)
（F情報）③ 『全国都道府県・市町村データ集 (ふるさとの くらし・日本のまちとむら⑫)』
（児童）　　（小峰書店,'99) 各県毎に、県章(モノクロ)、由来、県花・県木・県鳥あり.
（F情報）④ 全国知事会のH.P (http://www.nga.gr.jp)
　(H.P)　〈都道府県シンボル (県章・花・鳥・木)〉
　　　　　全項目に由来・説明あり・写真や 単色で とても ビジュアル

Ⓑ もろもろの 分野・資料形態 から
　⑤ 『読売年鑑』中の「都道府県データ要覧」部分
　　　各県の基礎データのほか、それぞれの県の「10大ニュース」・「この1年」・
　　　「数字でみる～」があり便利です. ここに「県花・県木・県鳥・
　　　県章・県章の由来」もあり
　⑥ 『日本大百科全書』の「県花」欄 ---- 県花・県木の一覧
　　　　　　　　　　　　　　「県鳥」欄 ---- 県鳥・県獣の 〃
（F情報）⑦ 『世界の国旗大百科』(人文社,'01)
　　　都道府県旗・県旗の由来・県花・県鳥・県木
　　　県旗と県章が同じマークは 40都道府県.
　　⑧ 県章・シンボルマーク・県旗 が欲いなに混交されているのに 注 ←ほとんどこの典拠資料
　⑧ 地理系：『日本地名大百科』(ランドジャポニカ・小学館)、『NHK ふるさと データ
　　　ブック①～⑩』・『Visual Human Life THE 日本』(海悠社)
（F情報）⑨ 児童本から たとえば 『朝日学習年鑑 2003 総計』(由来はない) ほか
　　　F氏の おすすめの 提供資料 は、
　　　・『全国市町村要覧』か『読売年鑑』　　　　　　　　　　の 3点セット です
　　　・『世界の国旗大百科』か『世界の国旗全図鑑』
　　　・全国知事会の H P

Ref 29	ミュージカル「キャッツ」の原作は何なのですか？翻訳されていたら読みたい　　[三多摩レファレンス探検隊；多摩市立]

① ミュージカル解説本で基礎情報をもらう.

たとえば『ミュージカル物語 ― オッフェンバックからキャッツまで ―』(社研, '90)
『ミュージカル完全ガイド』(音楽友社, '00) ほか 沢山の資料で.

これらに,原作は I.S.エリオットの子ども向け詩集『Old possum's Book of Practical Cats』とあり,

訳タイトルとしては「おとぼけじいさんの猫行状記」です.

→ ◎『エリオット詩集 1 』(中央公論社, '60)に訳が載中

　　　　→ ゲンミツな意味では,原作の翻訳はコイツですね.

(F情報)・『和英・英和タイトル情報辞典』(小学館)の「キャッツ」項に
　　　　"T.S.エリオットの詩集「おとぼけおじさんの猫行状記」をもとにした作品."

② キャッツ本を探す (あれだけヒットすれば、いろいろなキャッツ本があるはず)
　・『ふしぎ猫マキャビティ』(北村太郎訳,大和書房,'78)
　・『キャッツ ― T.S.エリオットの猫詩集』(北村太郎訳,大和書房)
　　→大ヒットしたので『ふしぎ猫マキャビティ』に,新たに訳者注も詳細に入れ,タイトル変えた.
　・『キャッツ』(池田雅之訳,筑摩書房,'95)
　　(ポッサムおじさんの猫とつき合う法 (ちくま文庫))
　絵本版キャッツ としては.
　・『キャッツ』(エロール・ル・カイン絵,たむらりゅういち訳,ほるぷ)…15編中(3つ)で構成
　・『魔術師 キャッツ』(ほるぷ,'91)…15編中(2つ)で構成.

③ 翻訳書誌でも → ・『翻訳図書目録77/84』(日外)で大和書房の2冊が出てくる

㊟『エリオット詩集 1 』とキャッツ本があわせて用意できると,ぬかりない資料提供になりますね.出版の古いものなどは都道府県立の協力貸出を遠慮なく使いましょ.
㊟ 大和書房の『ふしぎ猫マキャビティ』はミュージカル「キャッツ」が日本で大ヒットする前から協力貸出でよく使われていました.猫好きのあいだでは有名な本なのです.あの佐野洋子の絵も入っているしねェ…….

| Ref 30 | （最初の）1万円札が発行されたのはいつ？その頃の物価も知りたい。ラーメン代、コーヒー代みたいなモノです。
［大分県内の図書館］ |

（戦略）① 「昭和史」系、「世相史」系 その他資料で 1万円札発行年月を確定
↓
② NDC 337.8 あたりの物価本、「昭和世相」本等で 身近なモノの物価をあたる。（特にコーヒー代・ラーメン代を知りたいわけではない）

質問さんではなく 聖徳太子だな

◎ 最初の1万円札の発行年(月・日)の確定 ⟶ **1958年(昭和33)12月1日**

『ブリタニカ国際大百科』・『国民百科事典』・『貨幣発行大事典』・

『昭和史事典』・『国史大辞典』・『昭和史全記録』・『日本国勢大事典』

など 多数あり

◎ 物価（日常的なモノで 現在もあるモノ…）

たとえば 『物価の世相100年』、『価段史年表』、『価段の明治・大正・昭和風俗史』等をみると出てくる。

ex) 映画￥109、かけうどん￥27、牛乳￥93、パン￥26、あんみつ￥60、
大相撲観戦料金￥1,000 ‥‥‥

◎ 滋賀県高月町立図書館の 明定義人館長は、物価モノ調査にあたっては「4ット注意を要する」と言っておりました。

つまり、典拠資料による物価は、中央・大都市の物価であって。たとえば「ラーメン」にしろ「あんみつ」にしろ、大都市と高月町では やはり 差があるだろう。高月町民からの質問には 高月町近辺の物価を提示したい、という事でしょう。 サスガですな。

ちなみに1958年(昭33)は、・正田美智子嬢(現 皇后)御成内・伊勢丹(新宿)バレンタインチョコを初めて発売(1枚170〜200円)・フラフープ遊び・ホンダの「カブ」や富士重工の「スバル」がヒット。
・長島選手デビュー(新人王)・石原裕次郎映画、次々大ヒット・「いかす」「しびれる」などの流行語 ‥‥‥です。

| Ref 31 | 国旗と校旗を校門に併揚する場合には、どうしたらよいのか？何か決まりがあるのかな？ [長崎県立 & ながさきレファレンス探検隊] |

▶『国旗・国歌の常識』(東京堂出版 '93)などによると、
「わが国には現在これ(＝国旗使用規定)に相当する法規がない…」ので、
調査戦略は法規調べから離れ、以下の3つぐらいか？

① 戦前からの慣行 を調べる
　　(昭5.12.15 文部次官兼内閣書記官長 の通達がある)
② 外交儀礼上の約束ごと を調べる　　↳内容は下図に同じ
③ (新しい)学校行事関連資料を手にする.

以上の観点から いろいろな レファレンス・ブックや
一般書を手にすることになりますが、国旗と校旗
でどちらが主軸になるかというと 国旗 です.

キーワード:国旗, 日の丸, 国旗掲揚法
　　(法律の法ではなく、方法の法)

他の旗とあわせた揚げ方
門前に日の丸と他の旗を併揚する場合、
門内から見て右の門柱(門外から見て左)
に日の丸を、左門柱に他の旗を掲揚する

右のような図解入りは、『日本大百科全書』(ニッポ
ニカ,小学館)、『大日本百科事典』(ジャポニカ,小学館)・
『学研百科事典』(旺文社'14) あたり、
いずれも①の戦前の慣行説です.

会場内での揚げ方
会場などの壇上に掲揚する場合、日の丸
は壇上の人から見て右側(聴衆から見て
左側)に、他の旗は左側に掲げる

②の観点は『国際儀礼に関する12章』(外務省
外務報道官編、世界の動き社 '92) の 8章「国旗」(p.111-142) に取り扱いの説明あり.
一番厳しい解説で、①の慣行説は否定されています.
③の観点は『新しい小学校行事実践活用事典 Ⅰ 儀式的行事編』や『総合教職事典』
(同じ建前) あたり、①と②の中庸.
⊗ 国旗協会(民間団体)の見解は、「通常、国旗と団体旗は併揚 しません。どうしても
併揚する場合は、国旗は団体旗より 大きく、かつ高く掲揚しなければなりません。」との事、
　　by『私たちの美しい日の丸君が代』(明成社、2000)

Ref 32	秀吉だか誰だかが言ったという「人の一生は重い荷物を背負って歩くが如し〜」とかの全文はわかる？

［ 三多摩レファレンス探検隊 ］

▶ 名言モノ、ことわざモノ、故事成語モノの調査については NDC ではニュアンスによって、159（人生訓 教訓）388.8（ことわざ）813.4（故事熟語）に分散するので、排架法が請求番号（つまりNDC）順になっている図書館は いちおう全部あたりましょう。

▶ また、名言・名句モノは、索引の排列や刷が つくりづらいモノの筆頭で、経験から検索しやすいモノを つかんでおくことが 必要です。

このケースは 秀吉 はあまり確度が高そうにないので

- 「信長・秀吉・家康」その他の武将 → 武将の名言・格言モノ でみる。

またば

- 名言一般から → 名句名言事典モノ

この観点で 現役司書に評判の良いのは

『日本名句辞典』（大修館：88）とか『日本名言名句の辞典』（小学館：88）あたり ですが、

秀吉ではなく 徳川家康 とわかれば、これをキーワードにして 探調査をすすめます。

- 全文が出てくる家康本は ・・・・・・・・・・・・・・・ 『東照公遺訓と逸話』（東照宮：25）・
『徳川家康の人間学』・『徳川家康の言葉』（三笠書房）・『徳川家康全訓・警句集』（青春社）ほか
- 家康本ではないが ・・・・・『名言の内側』（日経新聞社：90）・『近世教育思想 2』
- あとは研修生の客さんが使った典拠資料です。

┌─ 全文（読みくだし）は以下の通り （もちろん後世における偽託的文章）─┐

人の一生は重荷を負うて遠き道をゆくがごとし。いそぐべからず。
不自由を常とおもえば不足なし。こころに欲おこらば、困窮したる時
を思い出すべし。堪忍は無事長久の基（もとい）、いかりは敵とおもえ。勝つ事
ばかりを知りて、まくる事をしらざれば、害その身にいたる。おのれを責めて
人を責むるな。及ばざるは過ぎたるよりまされり。
　　　　　　　　慶長8年正月15日　　　　　　　家康（花押）

人はただ 身のほどを知れ 草の葉の 露も重きは 落つるものかな

Ref 33	学校の歌舞伎鑑賞教室で見る予定の『天衣紛上野初花』のヨミと荒筋を知りたい。

[東大和市立中央] & [三多摩 レファレンス探検隊]

《戦略》歌舞伎鑑賞教室の演目だから すごく有名なヤツに違いない!! 外題のヨミが確定できれば、普通の歌舞伎本(NDC 774.0)で解決するだろう……．

[ヨミ確定] ・『歌舞伎・浄瑠璃 外題よみかた辞典』(日外) } くも(い)にまごう
・『日本文学作品名よみかた辞典』(日外) } うえの の はつはな

[荒筋](Ref-Book)…… ・『歌舞伎・浄瑠璃外題事典』(日外) ・『歌舞伎事典』(平凡社)
　⊙『歌舞伎鑑賞事典』(東京堂版) ⊙『演劇百科大事典 2』(平凡社)
　⊙『歌舞伎ハンドブック』(三省堂 '94)……見どころ、名ゼリフなど解説されている
　⊙『歌舞伎名作事典』(演劇出版社 '83) など
　　(一般書)…… ・『歌舞伎題名役ときと』(戸板康二、駿々堂 '85)
　・『歌舞伎手帖』(駿々堂)・『小山静夫の歌舞伎 十八選』(講談社)
　・『カブキ 101物語』(新書館)・『歌舞伎の世界』(　講談社) など多数

[+情報] ▶『日本文化総合年表』(岩波)の巻末『難書訓一覧』4画にあり
▷『日本文芸鑑賞事典 ①』(ぎょうせい)のp25-36に あらまし 解説

▶(バージョンA) 岩手県大槌町中央公民館(当時)の小川弘明司書(大槌町立図書館)の方法
　1. NDC 774.0の歌舞伎本をあたるが 適切なモノ所蔵せず。
　↳2.『読めない漢字の読本』の芸能部分で ヨミが判明
　↳3.『新潮日本文学小辞典』の「書名作品名索引」で引く(↑国)、荒筋が解説されている。

つまり 小さいコレクションでも、司書がいて 自館の資料を知り尽くしていると、7類(歌舞伎)の質問が、8類(語学)と9類(文学)で解決するのだ!!

▶(バージョンB) 巨大図書館の雑誌と書誌データを使う。「手書特集一覧」で該当作品を発見し、そのバック・ナンバーを提供する。

国立劇場　歌舞伎鑑賞教室	国立劇場事業部宣伝課編

日本芸術文化振興会　　　　　　年2回刊(不定期 夏~秋・12月)
部編名：学生のための歌舞伎教室→高校生のための歌
舞伎教室→歌舞伎鑑賞教室　　出版年：-35回(1989
7)　国立劇場
手書特集一覧あり←これを見て 掲載巻号がすぐわかる
分類番号：774
(東京都立中央図書館 逐次刊行物目録より)

レファレンス事例50題……… 109

Ref 34	新潮社のPR誌『波』で、1997年ごろ逢坂剛が対談しているのだが、誰とどんなテーマで対談しているの? [国社研 H11のレファレンス演習課題]

（1997年から、1998年版本）

・すぐ思い浮かぶ調査戦略は次の3つかなぁ。
　① 自館に『波』のバック・ナンバーがあるなら、(現物)にあたる.
　② 雑誌の目次を1年分 採録している『文芸年鑑』を手にする.
　③ 『雑誌記事索引』（NDL）の CD-ROM を使う.
　　　（今は Web OPAC でも）

①~③によると	・『波』vol.31 no.5（1997年5月号）p.52-56
	・逢坂 剛 氏と帚木蓬生 氏の対談
	・テーマ:「無責任な国家」からの逃亡

これも現物（『波』1997年5月号）を求められる質問でしょう.
　　　　未所蔵 だったら どうしますか? ←

②は もちろん『文芸年鑑 1998』です.（内容は1997年のモノ）
③は 逢坂剛 ✕ 波 ✕ 1997（1年分）で該当記事が ひっかかります.

※『文芸年鑑』の、たとえば ここ20~30年分の キュムレイト索引を刊行したらどうか、と日外アソシエーツ の 北原国彦 常務兼編集局長（当時。現在は退社）に提案したら、実は編集局内の最終企画まで 残っていたらしい。しかし販売を担当する K社の「売れない!」の一言で ポシャッタそうである。
　私は売れると思うが……。それなりの公立図書館は購入するだろうし、文学部のある大学・短大の図書館は絶対 買う!（と、思う）
誌名が判っていても 年代が不明だと、1年づつ（しかも索引は無い）見ていかねばなりません。けっこう メンドウなんだよね。

| Ref 35 | N.Yヤンキースの 松井秀喜選手の高校時代の雑誌記事を探している。
リストの様なモノはないのか？
（質問の時は、まだジャイアンツ時代でしたが---） 　［千葉県内の市立］ |

◎ これはもう『大宅壮一文庫雑誌記事索引総目録』を使わない
と解決できません。質問内容についての「やりとり」の時に、もうこの資料
が頭の内に浮かびあがります。　50点位

　・これの人名編は、記事にされちゃった人物名でファイルされていて、
年代の古い順に掲載誌、巻号、ページのほかに記事のみだしも出て
くる優れモノでしたね。

　・『大宅 ～ 総目録』（冊子体、CD-ROM）を所蔵していない図書館
は県立の協力レファレンスを遠慮無く利用すること。

調査プロセスとしては、条件として「高校時代」があるので
　　　『新訂 現代日本人名録 '98』（日外アソシエーツ）あたりで
　　　松井秀喜：石川、星稜高校（90.4 ～ 93.3）　を確定したい。
　　（but、『大宅 ～ 』は記事のヘッドラインも記述されているから）
　　（高校時代の活躍の記事かどうかは容易に判断できますが---）
『大宅壮一文庫雑誌記事索引総目録 1988－1995』（人名編）
　「松井秀喜」項　全部で379件、高校時代のモノは 109件
　　　　　　　　　（ドラフト以前のモノは 36件 ）

◎ この質問は2次質問が来たと思います。つまり何か決まった記事
（とその掲載誌）を探しているのだが、うまく説明できないと こういう大きな
聞き方になります。たとえば 明徳高校戦の5打席連続敬遠のこととか…
提供された『大宅 ～ 総目録』のある部分を指し示し、「この雑誌
がこの図書館で読めるだろうか？」、となりそうです。
つまり、「リストの様なモノはないか？」という質問が、県域の雑誌
総合目録、相互貸借、県立の雑誌の協力貸出し、協力車など、その
地域の総合力を問う要求に変化するわけですね。
○松井氏の「野球の館」にも雑誌があるが、H.Pによると松井選手が表紙になった
雑誌が中心らしい。
　野球

レファレンス事例50題………111

Ref 36	若手の数学者に与えられるという「ノーベル賞」的に有名な賞は何でしたっけ？ 　　　　[　　　]

もちろん、質問を受けたその時に、「**フィールズ賞**」では！ とピンときた司書は、『広辞苑』などの辞典(ことばてん)や事典(ことてん)類で確認するだけですネ。

調査戦略はどれでもOK！
① 「賞の事典」類で数学系(思える)賞をピックアップし、裏をとる
② 『現代用語の～』、『イミダス』、『知恵蔵』の「海外賞一覧」的ページを使う。
③ 主題の「数学(410)」書架に、「いきなり棚あたり」
④ 「ノーベル賞」みたいに有名なのだから、ダメもとで ノーベル賞系を手にしてみるか。
⑤ 百科事典のお世話になる (→主題からはいれる分科式のヤツだな)
⑥ 「野性の図書館員」の嗅覚というアレ

①と②は意外と時間を使ってしまうが、まあ判明します。
③では、棚に『フィールズ賞物語』(日本評論社)なんて本があって「怪しい！」となる。
④、なんと『ノーベル賞受賞者総覧』(教育社)に、ノーベル賞に準ずる賞として詳細あり。
⑤では、『万有百科大事典⑭物理・数学』(小学館)の大項目「数学」のコラム欄として「フィールズ賞」が2pにわたって解説されている。(とても めだっ オビ)
⑥ 野性の図書館員の方法
(その1) 日本人の受賞者、たとえば広中平祐氏の経歴調査でひっかける。
(その2) 『逆引き～ 』を使う----世の中の賞はほとんど「○○賞」だから(逆引き)が使える。そして怪しいヤツを裏をとれば良いですネ
・『逆引き広辞苑』 ── 「うよし」の項
・『逆引き熟語林』 ── 「賞」の項
── (下情報) ── 受賞者情報をも知りたい時は…⇓ ─

『数学の祭典：国際数学者会議/世志てのアルバム』
p21～　　　　　　　　(シュプリンガー・フェアラーク東京、'90)[410.6]　立川寺立図
- フィールズ賞について、創設者 J.C.フィールズについて。
- 1936～1990 全34名の受賞者リスト あり (肖像写真・略歴・業績も)
- → 1994. 1998. 2002年の受賞者を知るには？
　　　その年の10月号の『数学セミナー』に速報記事が掲載されているようです。(「数学セミナー」のHPにバックナンバー一覧あり)

Ref 37	アメリカの州知事が一覧できる資料はあるだろうか？ もちろん現職です。　　　　　　　　　［鎌倉社］

◎この質問は、鎌倉市民から鎌倉市立図書館に発っせられたもの。備前敦子司書が対応しました。彼女のスキル----「海外の新しいデータを調べるときは、何はなくとも『世界年鑑』が頼りになる」(佐藤司書・談)

◎そう、『世界年鑑』(共同通信社)を毎年購入しているかどうか、でその後が違う！

所蔵している → クイック・レファレンスとして、たった1分で解決

『世界年鑑』最新版の「各国の現勢」の「アメリカ合衆国」部分に、「全米50州の知事・上院議員」一覧がある。

所蔵していない → 時間がかかります。

• 方法としては、新聞報道、(提供裁定)の協力・支援を頼ること。
　　　　　　　　(依頼件) → アメリカン・センター・ライブラリーのレファレンス資料室
• 新聞を使う時 -- 州知事選挙(上院議員も)は、大統領選挙と同時か、2年後の中間選挙ですから・・・
　たとえばブッシュ対ゴアのごたごた選挙時では、「朝日新聞」では2000年11月9日第7面に米上院の新勢力と「各州知事の表」を載せている。
• 2002中間選挙結果は『世界年鑑2003』で出せます
◎英文資料を所蔵している図書館なら「アメリカの事はアメリカでの出版物で！」のノリ。
• 『The World Almanac』(最新版)の「Governors」項
• 『Who's Who in American Politics』(最新版)の「Governors of the States」項
• 『Who's Who in America』(最新版)でO.K

◎もちろん『世界年鑑』や英文の年刊年報類であっても、選挙時期との関係でタイム・ラグが生じている時は、年刊報類+新聞報道等のセットが必要です。

レファレンス事例50題・・・・・・・・113

Ref 38	日本の食糧自給率の推移（ここ20年ぐらい）を、主要品目別 に知りたい。　　　　［都立中央］

調査戦略は次の3つでしょうか？（図書館の品揃え次第で使い分けて下さい）

```
①基本的統計書を手にして食糧関係部分を使う
②食糧・食品・農水省関係 の専門(統計書)を使う
③各種「年鑑」・「年報」・「白書」のデータ部分 を使う
```

①の基本統計書 方式
　　◎『日本統計年鑑』の事項索引で「食料品－自給率」
　　・『日本の統計』（最新）
　　・『日本国勢図会』（最新）
　　・『数字でみる日本の100年　改訂4版』（国勢社 2000）

②の農業・食糧専門 方式…NDCだと 610.19農業統計学 611農業経済 612農業史事情
　　◎『食料需給表』〔年刊、この分野の基本一次統計。①グループの数値資料〕
抱対量のみ。⇒『食糧統計年報』（食糧庁）・『農林水産省統計表』（農林統計協会）
　　・『ポケット農林水産統計』（農林統計協会）…（索引なし）
　　　　目次⇒概況　日本経済と農林水産業、その9食料需給、その(3)
　　　　　　　　　　　　　　　　食用農産物の品目別自給率
　　・『ポケット食品統計』（これも索引なし）
　　　　目次⇒Ⅺ 食料消費、1 食料需給、(3)食料の自給率

③は { 一般的な年鑑……『読売年鑑』に 8品目・30年の推移
　　　　主題分野のモノ……『日本農林年鑑』の統計データ
　　　　　　　　　　　　『図説 食料・農業・農村白書』（農林統計協会）

◎知りたい代が長い時は、長期統計書を使います。ポピュラーなのは『数字で
みる日本の100年』ですが、『日本長期統計総覧』・『完結昭和国勢総覧』・
『日本経済統計集1868-1945, 1946-1970』などがあります。

| Ref 39 | 日本経済についての専門の英字新聞はありますか？（米国に留学している息子がレポートや意見を求められている……）　　　［都立多摩］ |

▶この電話Refのやりとりは次の通り（刷＝利用者　司＝司書）

[利] モシモシ、日本についての 英文・日本文併記の新聞はあるんですか？

[司] もう少し教えてください。たとえば 日本のどういう事について…？

[利] アメリカにいる人から、日本経済について英語で詳しく書いてある新聞を
探すように頼まれたんです。

[司] 新聞でないといけませんか、英字の経済雑誌ではマズイ？

[利] ……（黙）……。実は、留学している息子が、大学で日本経済について討論したり、
レポートを求められている。英語と日本語の併記がよいと思うのだが、なければ
日本経済に詳しい英字新聞はあるか？ しかもアメリカで購入可能なモノ。

▷アメリカ西海岸の大学に留学している息子を持つ母親からの電話Refです。
「英文・日本文併記」は母親独自の判断でした。（愛情それとも親バカ？）

▷質問内容を明確にするために
「やりとり」に時間がかかった代理
質問でしたが、

主題→ 日本経済（最新動向）を、

観点→ 英字の専門新聞で、

条件→ アメリカでも購入できるもの
でしたので、

『雑誌新聞総かたろぐ』（メディア・
リサーチ・センター）から、　→

「THE NIKKEI WEEKLY」の
内容を電話口で読みあげました。
ロスに印刷箇所があると知った時、
「好都合」と言ったので、ロサンゼルスの
どこかの大学に留学しているのでしょう。

THE NIKKEI WEEKLY

THE NIKKEI WEEKLY
⑩1963.1.1　週刊新聞　英語　ブラ　24頁
④¥500㊎　2年¥38,000〒共　⑪直販／東京都
23区は新聞店　（発行発売元：月曜日）　⑩Z89-
19　⑮34,400　⑯有
発行＝㈱日本経済新聞社　東京　☎03-3270-
0251　〒100-8066　千代田区大手町1-9-5
読者　国内42.6%、米国32%、欧州15.3%、
アジア6.5%、その他3.6%
内容　日本の経済・産業全般のニュース、動向
を報道・解説する唯一の英字経済紙。東京、ロ
サンゼルス、オランダ・ヘーレンで同時印刷。
主要国際企業のエグゼクティブを中心に各国の
リーダー層に広く読まれている。
白黒⑮ オフ15col.㎝　　　　¥49,500
色刷⑮ オフ　多色／日本版　¥270,000増
Code/Media:307262-2050　　　Publ:104357-1

なぜ、その大学の図書館や ロス市立図書館にあたらないで、母親
に支援を求めたのでしょうね？！

| Ref 40 | どの県だかわからないんですけれども、「銚子大滝」という所に佐藤春夫さんの詩碑があるらしい。碑文の全文を知りたいのですが、どれをみたらよいですか？ ［多摩市立］&［三多摩レファレンス探検隊］ |

戦略① まず「銚子大滝」の場所を確定し、「佐藤春夫」とジョイント調査。

地理・地名系 ---- 『日本地名総覧』(角川) p1299に「青森県奥入瀬川の滝」
　　　　　　　　『日本自然地名辞典』(東京堂出版)に「青森の滝」

滝系 ----『日本の滝 200選』(東方出版)に「青森・銚子滝 ー奥入瀬・坪田」
　　　　　「100選」には載っていない。 ← 仙台市民図書館・村山香奈子氏調査

(青森)と判明すれば----
 ・『郷土資料事典② 青森 ふるさとの文化遺産』(人文社) 碑文全文あり
 ・『作品名から引ける日本文学 詩歌individual個全集案内』(日外アソシエーツ、'92)
 で「奥入瀬渓谷」で引くと。　　　　　　おちたぎり 急ぎ流るる
 →『佐藤春夫全集(9)』(講談社)　　　　なかなかに 見つつ悲しき
 現物を確認 (p920-421)　　　　　　　ゆきゆきて 野川と滞る
 「奥入瀬渓谷の賦 并序」と「反歌」　　汝が末を 我し知れれば
 銚子滝」 → これが碑文そのもの　　　　　　　◎横瓶張

文学探険系	・『東北 庭と花と文学の旅 下』(のんぶる舎、'98) 碑文あり
	・『文学の旅 2 東北I』(千趣会、'74) 碑文あり ← 難読詩(青川)の
	・『文学と史蹟の旅路 北海道・東北』(学習社) ← (R2-3)玉井智子さん発見

戦略② 文学碑のレファレンスブックがあったなあ。それの佐藤春夫の中から
「銚子大滝」をひっかければ良いかな？

 ・『文学碑辞典』(東京堂出版、'77) の「佐藤春夫」項
　「奥入瀬渓谷の賦 并序」とそれの反歌 → 詩歌そのもの
 ・『全国文学碑総覧』(日外アソシエーツ、'98)
　の「碑主別索引」→佐藤春夫 の項
　　　　　　(から)　「…奥入瀬渓谷銚子滝… 昭28.10月…」
　　　　　　　　　　となって 詩碑あり。

⊗銚子大滝の銚子を 千葉県銚子市 (佐藤春夫の詩碑も有り)と早トチリ
すると、エライ事になってしまうのだ!!

116

Ref 41	日本の船の名前は、なぜ「○○**丸**」と丸の字が付くのですか？　[名古屋市立]&[三多摩レファレンス探検隊]

経験知では、この手の質問は参考図書よりも　一般書・実用書・児童書の方が確率が高い！　(主題)でせめよう⇒船⇒船舶⇒NDC 550

結論的には「定説なし」らしいのですが、有力なものは**2**つあります。
- ①は、船舶法・取扱手続1条（及び行政指導）説
  - ↳「船舶ノ名称ニハ成ルベク其ノ末尾ニ丸ノ文字ヲ附セシムベシ」
- ②は、歴史的由来・起源説　たとえば、太閤秀吉の日本丸、とか
  - 麻呂→マロ→マル、とか

回答としては、両蔵が蔵っているもの、複数典拠で①・②説がわかるものを提供することになります。

典拠資料のタイトル	船舶法取扱手続1条	いろいろな由来起源説
日本大百科全書(ニッポニカ)	○	
大日本百科事典(ジャポニカ)	○	○5説
万有百科⑰科学技術	○	○5説
世界大百科事典	○	○5説
国史大辞典		○
船舶知識のABC	○	
船と海のQ&A	○	○5説
海の日本史 再発見		○13説
随筆 船	○	○3説
ものと人間の文化史・船		○5説
和船Ⅱ		○13説
船の知識		○5説
船舶史考		○
海の昔ばなし	○	○
図説 和船史話		○13説
あっ 船が浮く		○
⑤知識の王様⑥乗り物	○	○
インターネット	○	○

@2004.4.1より
船名が「自由化」され、アルファベットも使え、(丸)を末尾に付けなくてもよくなりました。

船の名前が、来年4月から自由に付けられるようになる。国土交通省は19世紀にできた法律をもとに、船名に使えるのは漢字、ひらがな、カタカナとアラビア数字だけに限っていたが、アルファベットも使えるようにする。末尾に「丸」を付けるよう求める行政指導も、01年にやめており、同省も

朝日新聞
2003.12.31
「船の名前 自由化」
の部分記事

は今回の完全自由化で、「外国の地名や人名、会社や商品の名前を使った船名が増えるかも」と予想している。(後略)

Ref 42 今年(2004)の10月8日(金)に、学校の移動教室で三浦半島の海岸に行くのだが、お昼から午後3時ごろの潮の状態を知りたい。[都立多摩]

(移動教室の実施年月日はオリジナルのものではありません。2004.7月時点の質問としましょう)

・潮汐は計算予想値が出せます。スポーツ新聞の釣りコーナーや、釣りの雑誌にも1ヶ月先あたりなら載っていますね。
・航海や着岸のためには 潮汐の状態は重要事項なので、
　①『潮汐表』(海上保安庁・年刊)
　　　→「日本及び付近」と「太平洋及び印度洋」の二部構成
　②『潮位表』(気象庁・年刊)、などがあります。
　＝①・②はインターネットでも情報が得られます。＝

この質問のケース[開架フロアでの質問、潮の満ち引きの概要が判かれば良い]では、『理科年表 平成16年 2004』(国立天文台編、丸善)のデータで充分 満足してもらえます。　H15.11.30発行

平成16年　2004　中央標準時
東京芝浦　潮汐　　『理科年表2004』の暦部「潮汐」の項

日次	満潮		干潮		干潮	
	h m		h m		h m	
1	6 18		18 5		0 9	12 20
2	6 55		18 23		0 40	12 45
3	7 34		18 42		1 12	13 8
4	8 17		19 2		1 44	13 28
5	9 10		19 23		2 22	13 45
6	10 33		19 43		3 13	13 50
7	―		15 35		4 44	―
8	―	―	15 8		6 28	20 47
9	0 20		15 20		7 41	21 6
10	2 9		15 35		8 34	21 29
11	2 59		15 53		9 16	21 54
12	3 39		16 12		9 54	22 20
13	4 17		16 33		10 29	22 48
14	4 56		16 55		11 3	23 18
15	5 36		17 19		11 37	23 50
16	6 18		17 43		―	12 10

各地潮時の平均改正数

地名	改正数	地名	改正数
	h m		h m
新潟	-2 20	横浜	0 0

2004年1月1日〜12月31日の東京・芝浦の満潮・干潮の時刻が表になっている。その芝浦の数値を元に、「各地潮時の平均改正数」を加えると、各地の概略の値が得られる。

三浦半島に最も近い「横浜」は、0ʰ0ᵐなので芝浦の10/8の予測潮位値を使える。

→これで判かるのは、昼から午後3時は、ずーと満潮で、3時ごろがピークである

もっと詳しく！と言われたら①②か、インターネットで。

118

Ref 43	東海道中膝栗毛 のコンビ 弥次さん喜多さんの 孫たちが、ロンドンへ 行く珍道中記があるらしい。読んでみたいのだが [はなやしれス探索隊]

キーワードは？⇒ 弥次喜多、「東海道中膝栗毛」、道中記 あたりかな.
①　　　　②　　　　　③

①～③のキーワードで タイプの違う参考図書を手にすると
・『日本大百科全書』(ニッポニカ,小学館) の「東海道中膝栗毛」項に
◎『日本古典文学大辞典』(岩波) の「東海道中膝栗毛」⇒「道中膝栗毛」項に
・『日本文学史辞典』(日本評論社) の「東海道中膝栗毛」項に
・『広辞苑』(岩波) の「膝栗毛」項に

⤷ 仮名垣魯文の『西洋道中膝栗毛』が模倣作として
紹介されている ⟶ ウ～ム！ 怪しいなぁ.

というとで、『西洋道中膝栗毛』の内容確認に移る

▶確認作業① 参考図書類では---
◎『日本近代文学大事典』(講談社)----1巻(p.402),3巻(p.180),4巻(p.49, p.509)
◎『新潮日本文学辞典』(新潮社)--- p.276, 601, 1233, 1236
・『日本文芸鑑賞事典①』(ぎょうせい)----解説有り
・『日本国語大辞典』(小学館)----解説有り
・『近世文学研究事典』(桜楓社)----p.144
　　　　　　　　　これらで確認できます。
▶確認作業② 作品の現物で---（どうせ貸出しになるだろうから---）
・自館OPACから全国書誌,県のWeb OPAC,参考図書の紹介文献案内 などから
・『明治文学全集 ① 明治開化期文学集』の p.3～137
・岩波文庫の『西洋道中膝栗毛 上・下』(1958)
・『明治の文学 ① 仮名垣魯文』(筑摩書房, 2002)
をヒットさせ (調達して)、お客さんに 提供します。

レファレンス事例50題………119

Ref **44**	米国のルーズベルト大統領のニューディール政策で、最初に完成したダムの名前とその完成年が知りたい。[千葉県立]

日本語文献でいくとすれば、①アメリカ近現代史
　　　　　　　　　　　②いわゆる「ダム」本
　　　　　　　　　　　③ニューディールの専門書、あたりでしょうか。
でも、そのうち TVA（テネシー・バレー・オーソリティ）という最適キーワードが出てくるので、
次のやり方が「利用者の時間を節約せよ」でもあるし よさそうですネ。

[実際の調査プロセス]　by 宮内潤子G（千葉県立・調査課長）

(1)『日本大百科全書』（ニッポニカ、小学館）
　で「ニューディール政策」項に、
　　「----TVAの総合開発事業----」
↓
(2)『英語略語辞典』（研究社）
　　TVA＝Tennessee Valley Authority
　　（テネシー河流域開発公社）
↓
(3)『Encyclopedia Americana』
　で、膨大なTVA説明の中から　→
　　この写真・そのキャプションを見つける

NORRIS DAM on the Clinch River, completed in 19__
was the first dam to be built by the TVA.

↓
(4)回答＆提示：｜ノーリス・ダム　1936年｜
　　『日本大百科全書』（ニッポニカ）を使うように『Americana』を使えば
　よいですネ。また、『国史大辞典』を使うように『Dictionary of American
　history』を使って Norris Dam と判明します。

日本語文献ですと、①は『アメリカの歴史 ⑤』（講談社）、②は『アメリカはなぜ
ダム開発をやめたのか』（築地書館）、③はリリエンソールの著作や『TVA 一実験的地域
政策の軌跡』（御茶の水書房）あたりでしょうか。

120

Ref 45	マヌエル・プイグの小説「Boquitas Pintadas」が、94年ごろ翻訳されたらしいが、邦題は？ [都立中央]

(戦略) 翻訳書誌でやるか、世界文学の参考図書を使うか、
この二方法が早い、自館の品揃えと親疎度で どちらでも。

(翻訳書誌) でやると、[原綴・94年ごろ] がわかっているので
① 『翻訳図書目録 92/96 Ⅳ 総索引』(日外アソシエーツ) を手にして、
　{・「著者名索引」(五十音順とABC順)--→ Ⅲ-773 (巻号-Page)
　{・「原書名索引」 ----→ Ⅲ-12234 (巻号-文献番号)
どちらの索引も同じページの『赤い唇』(集英社 '94、292p、野谷文昭訳)
に導かれる。
② 『翻訳小説全情報 93/97』(日外アソシエーツ) でも判明する
　　こちらは荒筋紹介もあり。

(世界文学の辞・事典) を使ってみる → **(F情報)** だよ
① 『世界文学大事典 ③』(集英社)「プイグ」項 <p.654-655>
　"第2作の『赤い唇』Boquitas Pintadas (69)" とあり、
　参考図書欄に『赤い唇』野谷文昭訳(集英社ギャラリー
　　『世界の文学⑲』 1990、集英社) と出てくる。
② 『世界文学全集/個人全集・作品名綴覧 第Ⅱ期』(日外、'98)
　の「作品名原綴索引」より
　　Boquitas Pintadas →赤い唇(プイグ) となり
　　　集英社ギャラリー『世界の文学(19)』に導かれる。

(個人で)
「邦題は？」ということは、読みたいか、購入のための書誌データの調達でしょう。
この質問は・単行本か叢書の『赤い唇』を提供することになりそうです。

⊗他のやり方と称ば、(4～6時間がかかってしまうが…)
・出版書誌の95年版(たとえば、『出版年鑑』、『Book Page 本の年鑑』、『日本書籍
　総目録』など) で、著者名を頼りに 探す。
・ラテン文学に関する最近の 一般書・専門書をのぞく。

（その1）

Ref 46 華岡青洲がつくった「通仙散」・「麻沸湯」の読み方がわかる本はどこですか？　　　　[三重県立]

関連本の書架位置を聞いていて、自分で調査する（セルフ・レファレンス）意欲充分な利用者ですが、調査戦略もたくさんありますし、協力共同レファレンスになりそうです。

《戦略》初手や案内は、これらの中から資料揃えの厚いモノから。
① 主題の参考図書（医学事典、薬学事典、東洋医学系）の索引を使い、キーワード「華岡青洲」・「通仙散」・「麻沸湯」（または添付音読み）を引く。
② 百科事典類を ①の方法で。
③ 歴史系の、たとえば『国史大辞典』・『日本史大事典』など を手にする。
④ 人名事典や評伝から
⑤ 振り仮名を知りたい ⇒ 児童本か？
⑥ インターネットで 記念館などの発信情報をとっかかり とする。
⑦ その他

①の場合では---
・『江戸の医療風俗事典』（東京堂出版）に 麻沸湯 （まふっとう）
・『漢方の歴史』に 通仙散 （つうせんさん）・麻沸湯 （まふっとう）
・『漢方のくすりの事典』に 通仙散（つうせんさん）・麻沸散 （まふっさん）
・『漢方医語辞典』（創元社）に 麻沸湯 （まふっとう）
・『和漢薬百科図鑑 I-II』に 麻沸散 （まふっさん）
②の方法 （もちろん索引をしっかり使います）
・『万有百科大事典 ⑭ 医学』に （つうせんさん）と（まふっさん）
③ では---
・『日本史大事典』（平凡社）の 「巻（索引巻）で 「華岡青洲」
　　→「華岡青洲」項 --- （つうせんさん）のみ
　　→「医者」項 --- （つうせんさん）と（まふっさん）

ここでも索引の重要性がわかる、この質問で「医者」項をひける司書は まず いません。㊞

122

（その2）

Ref 46　華岡青洲のくすり・続き

④ 人名事典では・・・
- 『朝日 日本歴史人物事典』に 通仙散（つうせんさん）
- 『日本人名大辞典』（講談社）に 麻沸湯（まふっとう）

⑤ 児童本か？では・・・
- ◎『玉川児童百科大辞典』の 特記事項欄「華岡青洲の麻酔」に、
　　・通仙散（つうせんさん）麻沸湯（まふっとう）
　　・通仙散は麻沸湯の改良型麻酔薬 ということも わかる.
- 『コンサイス学習人名事典』に （まふっさん）
- 『教科書にでる人物学習事典④』に （つうせんさん）
- 『学習人名辞典』に （まふっとう）

（Ｆ情報）―― ヨミなら 児童書か？ の視点で ―――
『発明発見物語全集⑧ 人体と医学の発明発見物語』（国土社 '83）
p59-65 世界にさきがけた麻酔手術〈麻酔薬〉―華岡青洲付
この文中に、華岡通仙散（または麻沸散）とルビあり.

⑥ インターネット情報では・・・
Google で 那賀町 H.P（http://village.infowebe.ne.jp/nagacho/inter.htm）の
「和歌山の偉人 華岡青洲」に （つうせんさん）と（まふっとう）

⑦ その他
漢和辞典・・・『諸橋大漢和』（大修館書店）の
　　　親字「麻」で 3字「麻沸湯」（まふったう）
（Ｆ情報）―― 一般書〔402〕あたりで 探す
『ジパング江戸科学史散歩』（河出書房新社 '02）
p92-97 華岡青洲の章に "うせんさん" "まふっさん" あり
（単なる「つ」の落丁だよ）→ このヨミも ありなのかは ウラづけできませんでした。

レファレンス事例50題・・・・・・・・123

（その1）

| Ref 47 | 「弘法にも筆のあやまり」という ことわざが あるが、じゃあ 空海さんは どの字を 間違えたのですか？　〔　　　〕 |

　この質問の解決のためには、「故事」・「ことわざ」・「成句」類の資料をどの程度 所蔵しているかにも かかわります。「弘法にも筆のあやまり」の意味は どれにも出てきますが、具体的にどの字をどのように間違えたか までは なかなか 載っておりません。

●『暮らしの中のことわざ』（創拓社 '89）、『総解説 世界の故事・名言・ことわざ』（自由国民社）によると

　「応天門」の「初めの字の点、すでに落ち失せたり」として、典拠として 『今昔物語集 11巻9話』を案内している。

　『日本古典文学大系』（岩波）、『日本古典文学全集』（小学館）の 「今昔物語集」では（応）のど点、とは限定していない。

　『新編 日本古典文学全集 35』（小学館）では 応の字の最初の一画の点が 落ち失せたと解説している

●『日常語の由来辞典』（東京堂出版）は、「応の字の心の点のひとつ」説

　　　　　　　以下は （F情報）

─● 『日本説話伝説大事典』（勉誠社版）
　　　応天門の額に筆を投げ上げて 字を正した話 として、
　　　「金剛峯寺建立修行縁起」、「本朝神仙伝」を あげている。
　　　　　＜原典を調べてみる＞

『金剛峯寺建立修行縁起』
　　『国書総目録』より、『続群書類従 巻 八一七』 に収録 とわかる。
　→ "初字圓点已告落"　（『続群書類従 第二十八輯 上 釈家部』
　　　　　（矢の）　　　　　　　　　　訂正3版、続群⑦ 完成会 75）

『本朝神仙伝』
　　『日本古典文学大辞典』（岩波）より、翻刻本 探す。
　●『日本思想大系 ⑦ 往生伝・法華験記』（岩波書店）
　　　→ "応の字の上の点は 設に 落せり"（原文「応字上点故落之」）
　●『日本古典全書　古本説話集・本朝神仙傳』（朝日⑪）
　　　→ "應字の上の點は 故に 落したまへり"（原文「應字上黒点、故落也」）

（その2）

| Ref 47 | 「弘法にも筆のあやまり」 続き |

『本朝神仙伝』によると、応の字の上の点。

● ＜絵巻物には 描かれていないか？＞

『弘法大師行状絵詞 ⑤』＜続日本絵巻大成 ⑤ ＞（中央公論社）
巻五 第五段 大内書額 に図版あり。
　詞：＜応＞の字の上の点を書き落としているのに気づいた"（原文も ⑤）
　絵：弘法大師が筆を投げ上げている
　　（残念ながら、額の下部が描かれているが、字の部分は描かれていない）

応の字の上の点 とされている。

● 『日本思想大系 ⑦』の訳注には類似の説話があるものとして、
　ⓐ 大師御行状集記 "初字円点已以失落"
　ⓑ 弘法大師行化記
　ⓒ 高野大師御広伝
　ⓓ 弘法大師御伝
　ⓔ 今昔物語集 11巻9話
　ⓕ 扶桑略記抄の本伝による文
　ⓖ 高僧伝要文抄所引の弘法大師伝　など をあげている。

やはり、
應 ←この点が
落ちせている説
のようです

『続群書類従』で原典を調べてみる
　ⓑ 『 〃 巻二〇八 』より "初字圓點已以失落"
　ⓒ 『 〃 巻二〇九 』より "應字小點已以失落"
　ⓓ 『 〃 巻二〇七 』より "初字圓點。已以失落。"

なお、一般書では 下記の2点が 「応」の字の「心」の点が一つ説です。
　・『古典おもしろ語典』（金田一春彦 他、大和出版）
　・『ことわざの謎と裏』（太陽企画出版）

レファレンス事例50題………125

（その1）

Ref 48

日光の華厳の滝で投身自殺した藤村操が、木にけずって遺した漢詩（のようなモノ？）の全文をみたい。
［名古屋市鶴舞央］

最大のキーワードは「藤村操」です。いろいろなタイプの資料・道具を使うとしても検索語はこれ1本です。

初動は自館所蔵の、百科事典・人名事典・歴史年事典・年表などの「索引」を手にします。

たとえば『国史辞典』（吉川弘文館）　　たとえば『日本史大事典』（平凡社）

藤村操　ふじむらみさお
一八八六〜一九〇三（明治十九・七〜三十六・五・二十二）

第一高等学校文科一年在学中の一九〇三年（明治三六）五月二十二日、日光華厳滝に投身自殺をした哲学青年。東京生れで、東洋史家那珂通世の甥。滝の上の楢の木に「巌頭之感」の題で「万有の真相は唯だ一言にして悉す曰く不可解。我この恨を懐いて煩悶終に死を決するに至る」と遺書した。

ふじむらみさお　一八八六〜一九〇三。明治時代後期の哲学青年。明治十九年（一八八六）東京に生れ、札幌で育つ。一高の学生で、明治三六年五月二十二日、日光華厳の滝上の楢の幹に「巌頭之感」を記して投身自殺した。「万有の真相は唯一言にして悉す曰く「不可解」、我この恨を懐いて煩悶終に死に至る」と、人生問題に苦悶した哲学的な死として、立身出世も成功とはちがう価値観のあることを示し、二十世紀初頭の青年の間で思想的に象徴する事件となった。同じ一高生の藤村操の死を弔する「哲学の時代の寵児」として、あとを追う自殺も続出した。

叔父の那珂通世が悲痛の念を弔せたのにつづき、黒岩涙香は「万朝報」に悲痛な追悼文を寄せ、「哲学的煩悶」への思想的な議論した。近年では徳富蘆花の「少年哲学者」と評弔し、井上哲次郎や坪内逍遙らも自殺の是非を論じた。東京都港区の青山墓地に墓と、厳頭の魚住折蘆らへの思想的影響も知られる。

能成『巌頭の感』をめぐって『新潮』四感。の碑がある。東京都文京区に「巌頭
六・九）伊藤整『日本文壇史』七・安倍
（副文館）
（牧野富士夫）

● 国語辞典がよくお世話になっている上の国史コンビで判明することは、
「巌頭之感」というヤツ → 新しいキーワード
1903(M36).5.22 → 新しい調査観点ができた。

吉田蕃郎もおすすめ
当時の新聞記事、あるいは新聞記事で構成した資料、この場合は『明治ニュース事典』が思いうかぶでしょう。

参考文献の2文献へ導かれる。特に伊藤整『日本文壇史』7 のは文庫本もある。

・ただし解説中の「巌頭之感」は全文かどうか「曰く不可解」なまま。

・とりあえず調査を諦めると、全文はコレ→
『読める年表・日本史』（自由国民社）の1903年の項

☆巌頭之感一曰く〝不可解〟
この年五月と六月、方向は全く別だが、それぞれ一世を驚動させた大事件が、新聞紙面を以来行方不明となっていた第一高等学校文科一年の藤村操は日光の華厳の滝に投身自殺をしていたことが判明したのである。五月二七日の新聞に大々的に報じられた。滝の上の大樹を削って「巌頭之感」を書きこんで世人を驚かせた。

「悠々たる哉天壌、遼々たる哉古今、五尺の小軀をもって此大をはからむとす、ホレーショの哲学竟に何等のオーソリチーを価するものぞ、万有の真相は唯だ一言にして悉す、曰く「不可解」。我この恨を懐いて煩悶終に死を決するに至る。既に巌頭に立つに及んで、胸中何等の不安あるなし、始めて知る、大なる悲観は大なる楽観に一致するを。」

(その2)

Ref 48 　藤村 操・続き

◎ 有名な事件には（本）があるゾ！
- 『藤村 操 の手紙』（下野新聞社）
- 『青春の記録』（筑摩書房）
- （下情報）『検証 藤村操』（不二出版 '03）

◎ 全文が出ている資料（別の観点のモノ）
　①『日光パーフェクトガイド 改訂』（日光観光協会編、
　　　　　　　　　　　　　　　下野新聞社、'01）
　②『朝日 日本歴史人物事典』（朝日新聞社）

――（下情報）――――――――――――

『文学碑辞典』（東京堂出版 '77）の〈藤村操〉の項
「悠々たる哉～　　」全文あり
［所在地］東京都南区 青山霊園　［建立］未詳　［解説］3行あり。
＊ ④大雨犬 『国史大辞典』のウラヅケになるかな？

（この辞典は ㊵ 銚子大滝 の例でもそうですが、由来が書いて
　あるので、なかなか役に立ちますね。

『別冊太陽 日本のこころ 59 日本人の辞世・遺書』（平凡社 '87）

　p69 藤村 操：明治の青春 ―年上女性への恋慕
　　「楢の木に刻まれた辞世の詩篇拓本」の写真あり。
　　もちろん 巌頭之感 の全文がわかります。
　　（写真が大きいので、生々しい骨太な字が判読できる）
　　p67に 解説や 藤村操の写真あり。

(その1)

Ref 49 奈良の大仏さまの頭のボツボツは何というんですか？
幾つあるんですか？（小学生からの質問）　　[狛江市立]

この質問は、結果的に [初手を児童本] にすると スイスイと解決します。
本格的な仏像本では意外とうまくいかず、イライラさせられます。

▶キーワード「奈良の大仏」本をさがす。
- (児)『奈良の大仏』(草思社、'81)
- (児)『奈良の大仏をつくる』(図説・日本の文化をさぐる③、小峰、'83)
- (児)『奈良の大仏の研究』(調べ学習 日本の歴史③、ポプラ社)
- (児)『ならの大仏』(小峰)
- (F 情報・児)『大仏建立物語』(小峰、てのり文庫、'88)

この5冊には
<u>螺髪（らほつ）</u>又は<u>螺髻（らけい）</u>、**966個**とあり。

- 『こども歴史人物新聞』(別冊家庭画報／世界文化社、'01)
でも○K ← 小笠町立図書館の松井さん調査で判明しました。

▶本格的な仏像本・専門書としては
- 『技術者のみた奈良と鎌倉の大仏』(有隣堂出版)では「延暦僧録」
を引用している → "御螺髪九百六十六、各高一尺……"
- 『東大寺大仏の研究　解説編』(岩波、'97)

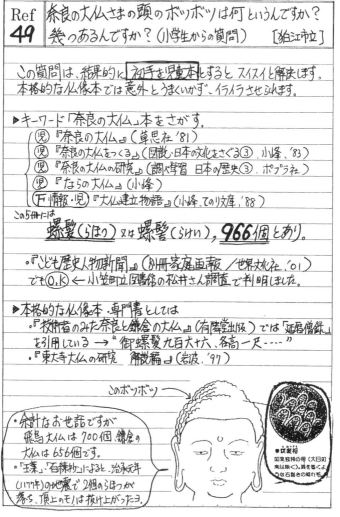

このボツボツ →

- 余計なお世話ですが
飛鳥大仏は700個、鎌倉の
大仏は656個です。
- 「玉葉」「百練抄」によると、治承元年
(1177年)の地震で2個のらほつが
落ち、頂上のモノは抜け上がったヨ。

●螺髪相
如来独特の相（大日如来は除く）。頭を巻くような右巻きの縮れモ

（その2）

Ref 49	奈良の大仏の頭のボツボツ・続き

▶ 国宝本・旅行ガイド・地理本・美術本・歴史本などの周辺本でも〇,k
 ・『国宝への旅⑮』（NHK出版、'89）・『古代寺院の成立』（ロッコウ・ブックス）
 ・『図説・日本文化の歴史③奈良』（小学館、'79）・『ふるさとの文化遺産
 郷土資料事典㉙奈良県』（人文社）・『日本の美術⑤東大寺の大仏』（平凡社）
 ・『奈良・大和路』（ニュー・ブルーガイド・ブックス、実業之日本社、'96）など

※文部科学省の「まなびねっと」に関連情報があったが---（今はどうかな？）
※『東大寺辞典』（東京堂出版）には、天平時代は⑨60と理解できる記述あり。

⟨下情報⟩・追加と教訓

▶国宝 or 東大寺もの
 『朝日百科 日本の国宝 ⑤正倉3（東大）』（朝日新聞）
  p10～11「大仏の鋳造」の文中に、"九百六十個の螺髪（らほつ）"
 『奈良六大寺大観 ① 東大寺二』（岩波）
  ・解説p50 "螺髪九六六個" ヨミはなし
  ・資料として「正暦僧録」「大仏殿碑文」（『東大寺要録』の
   が収録されており、九百六十箇 と確認できる。巻一・巻二
                                として）

（補足）
 『扶桑略記』〈新訂増補'国史大系⑫〉 吉川弘文館 '65
  p98 扶桑略記抄二 天宝勝宝元年卅一月廿四日
   "螺形九百六十箇。高各一尺。径各大寸。"
  とありましたが、『東大寺辞典』の⑨60 説と関係あるのか……？

    ― ⓐ教訓―
 歴史資料には ゆれがある！ だからこそ、複数の性格の違う
 典拠資料を 求めたい。

レファレンス事例50題………129

（その1）

| **Ref 50** | 「自転車の二人乗りはイケナイ！」というのはどの法律にどういう文章で書かれているのでしょうか？ [東机和加央] |

- すぐに『道路交通法』か、いわゆる『自転車法』あたり、とピンと来るので『六法全書』等の該当法の条文にあたる。
- 法令の数を探してるコツは、各法律の最初に載っている 数目次 でしぼり込むしかありません。あきらかに関係なさそうな条文を除いて、3〜4ヶ所程度を読み込むことになるでしょう。→ 別添「道路交通法 目次」参照のこと

▷ 上記のやり方でいくと、『道交法』57条2項で、都道府県公安委員会に軽車両（自転車も含む）の乗車人員制限の権限をまかせています。したがって皆さんは各自の条例等・全規等（都道府県の）をみることになります。

ex）東京都の場合だと ----『東京都全規集(F) 警察・消防』中の
　　　「東京都道路交通規則」10条 軽車両の乗車又は積載の制限
　「道路交通法57条2項の規定にもとづいて -----
　　　(1) ア. 二輪の自転車には運転者以外の者を乗車させないこと
　　　　 イ. （略）
　　　　 ウ. 16歳以上の運転者が幼児用座席を設けた二輪の自転車
　　 エ)、(略) を運転する場合は、規定にかかわらず 6歳未満の者を1人に限り乗車せることができる。
　　　　 オ. 16歳以上の運転者が6歳未満の者1人を子守バンド等で確実に背負っている場合の当該6歳未満の者は、アからウまでの規定の適用については、当該16歳以上の運転者の一部とみなす

東京の図書館では「道交法」57条2項、「東京都道路交通規則」10条を提示することになります。つまり2人乗りは原則禁止。ただし ウ項・オ項により 乗車装置とおんぶにより 3乗りも可となります。

山梨県・埼玉県・福島県は、乗車装置（6歳未満）かおんぶ（4歳未満）のどちらか ひとつ。皆さんの県では どうですか？

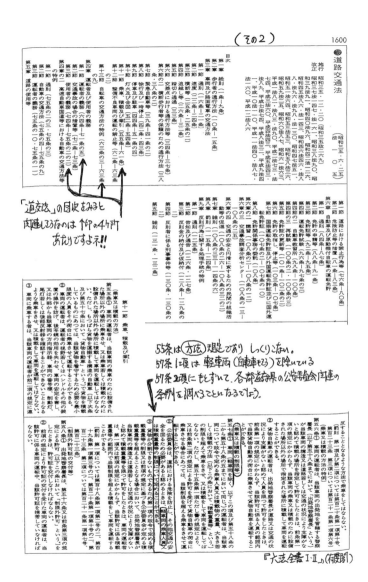

レファレンス事例50題・追加情報

藤村せつ子

（p.77-131 の各調査プロセスとあわせてご参照ください。）

　2004 年の本書初版（以下「旧版」）刊行後 10 年が経過し，インターネット情報源の進展や活用をはじめとして，図書館におけるレファレンス・サービスの情報源は大きく変化しています。

　「レファレンス事例 50 題」の調査プロセス（p.77-131）についても，現在では別のツールや方法で解決する事例が多く見受けられます。しかし，その一方で，調査戦略にある多様な観点，調査のポイント，キーワード化，有効な基本ツールについての知識などは，レファレンス・スキルやノウハウを学ぶ上で今後も活用していくことができるものといえます。

　そこで，旧版の調査プロセスに加えて「今だったらこの方法や考え方で，このツールも使える」という視点で，「レファレンス事例 50 題」の再調査を行ないました（2014 年 1 月時点）。この項では，新たな情報源や調査のポイントを簡潔に記述し，現状の実践に適うよう追加情報としました。

記載内容は以下の通りです。
・旧版では取り上げていないツールの紹介を基本とします。2004 年以降に刊行された資料や，調査に有効なインターネット情報源がおもな対象となります。冊子体資料は『　』，出版者，出版年を，インターネット情報源は「　」，作成者，URL を示しました。頻出するサイトについては初

出時以外は URL などを省略しています。

・冊子体資料はレファレンス・ブックのほか，利用者の求めるかたちで資料が提供できるよう，貸出できる資料（児童書も含めて）についても留意しています。

・インターネット検索では，検索エンジンとしてGoogleを代表例として使用しています。

・インターネット情報源は，規模が小さい図書館や利用者自身のレファレンス調査においても活用できるよう，無料で検索できることを原則とし，公的機関などの信頼性の高いサイトを優先的に取り上げました。（URL 最終確認：2014年 1 月 31 日）

・旧版で用いた資料の刊行中止（例：『imidas』『知恵蔵』）や最新版などの刊行（例：○○年版，第○版，普及版，文庫化，版元変更）については，特に言及していません。ただし，大きく情報内容が変更された資料，代替ツールがないものは 補足 として説明した場合もあります。

◎再調査にあたっては次の方々にご協力いただきました。

（敬称略・五十音順）

阿部　明美（多摩市役所）

五十嵐花織（調布市立中央図書館）

国分　一也（武蔵村山市立雷塚図書館）

藤本　昌一（名古屋市徳重図書館）

蓑田　明子（東大和市立上北台公民館）

1. 東京の信濃町は，何か長野県と関係あるのですか？

　定番の地名事典のほか，由来に関するハンディな事典も使えます。また，“信濃守について”の追加質問も考えられます。

■東京に関する地名事典

・『東京の地名由来辞典』（東京堂出版　2006）
　東京23区の地名について典拠を示して解説。

■“信濃守”は信濃国（長野県）と関係ないの？

・『日本史に出てくる官職と位階のことがわかる本』（新人物往来社　2009）
　実際の領地とまったく関係のない受領名の国名を名乗っていたことや，巻末の「江戸大名官職名<逆引き>人名辞典」には，信濃守を名乗った大名96名の一覧があります。

・「リサーチ・ナビ」＞「調べ方案内」（国立国会図書館）
　http://rnavi.ndl.go.jp/research_guide/
　「戦国武士の官職名（官途・受領名）」で参考資料を紹介。

2. 尾形光琳の燕子花図屏風はどの美術館が持っている？

　美術作品は所蔵先が変わることもあるので，インターネットで新しい情報を確認しましょう。所蔵機関のWebサイトのほか，次のサイトで作品情報や画像を見ることができます。

■国宝や文化財などの作品情報を調べる

・「国指定文化財等データベース」（文化庁）
　http://www.bunka.go.jp/bsys/

・「文化遺産オンライン」（文化庁）　http://bunka.nii.ac.jp/

補足

　「燕子花図屏風」の修復は2005年に終了し，根津美術館にて毎年4〜5月に公開されています。

3. 赤穂浪士全員の名前と読み，役職と知行を知りたい。

　一覧表なら百科事典や日本史事典，個々の人物を詳しくなら赤穂義士関連本が使えます。掲載項目の違いや，人名の慣例的な読みかたのゆれ（例：大石内蔵助良雄→よしお/よしたか）も考慮し，複数典拠を心がけましょう。

一覧表のある事典の比較

書　名	名前	読み	役職	知行	年齢	変名	戒名
日本大百科全書	○	○	○	○	○	○	○
世界大百科事典	○		○		○		
国史大辞典	○		○	○	○		○
日本歴史大事典	○	○	○		○	○	

■一覧表ではないが，上記7項目＋αが得られる資料
・『忠臣蔵：時代を動かした男たち』（神戸新聞総合出版センター　2002）　家紋，雅号，辞世の歌なども掲載。
・「赤穂義士」（赤穂市）
　http://www.city.ako.lg.jp/kanko/kanko/akogishi/index.html
　「四十七士名鑑」「四十七士イラスト一覧」に人物紹介あり。

4. 十干十二支の60全部の訓読みがわかる本はどれですか？

■こよみ系資料や便覧類では下記の資料にも音訓読みあり
・『暦を知る事典』（東京堂出版　2006）六十干支のよみ方
・『百科便覧　5訂版』（平凡社　2009）干支表
・『日本美術図解事典　普及版』（東京美術　2011）干支順位表
・『山川詳説日本史図録　第6版』（山川出版社　2013）〃

レファレンス事例50題・追加情報………135

■インターネット情報源
・「六十干支のよみ方」(国立天文台天文情報センター暦計算
　室)　http://eco.mtk.nao.ac.jp/koyomi/faq/60kansi.html
　こよみについて調べたいときに便利なサイトの「こよみ
用語」内で解説。音訓読みあり。

5.　サッカーくじ法の条文を見たいのだが……。

　<サッカーくじ法>の①正式法令名と②改正情報(施行か
未施行か)を確認して③条文にあたるのが調査の基本です。
インターネット情報源で②③の最新情報を提供できます。
■法令集を調べる
　最新版の『六法全書』(有斐閣),『模範六法』(三省堂)に
<サッカーくじ法>は載っていません。主題別法令集の『スポ
ーツ六法　2013』(信山社　2013) p.146-148では(抄)とし
て一部を収録。この版の最終改正は平成23年6月24日法律
第74号となっています。
■改正情報を調べる
・「日本法令索引」(国立国会図書館)
　http://hourei.ndl.go.jp/SearchSys/index.jsp
　最終改正は平成25年5月10日法律第11号。
　略称検索も可能で,下記の現行条文へのリンクあり。
■現行条文
・「法令データ提供システム」(総務省行政管理局)
　http://law.e-gov.go.jp/cgi-bin/idxsearch.cgi
　最終改正を織り込んだ条文(平成25年10月18日施行)。
■関連団体のサイト
・「toto,スポーツ振興基金と助成事業」(日本スポーツ振興

136

センター） http://www.jpnsport.go.jp/sinko/

「関連情報」＞「関係法令」に全条文掲載。関連する政令・省令・告示・附帯決議などもまとめて確認できます。

6. ロックグループREOスピードワゴンの雑誌記事は？

やはり大宅壮一文庫が有力ツールですが，未収録のものや近年の記事は国立国会図書館，雑誌購読サイト，出版社サイトなどでも数件ヒットするので合わせ技で調査します。特定の雑誌や記事をお探しなら，現物をあたる方法もありです。

・「Web OYA-bunko」【有料データベース】

14件あり。冊子体終了後の1996年以降の記事は4件。

・「国立国会図書館サーチ」 http://iss.ndl.go.jp/

デジタル化資料の目次情報で"大宅"にない3件ヒット！

・「Fujisan.co.jp」（富士山マガジンサービス）

http://www.fujisan.co.jp/

・「ミュージック・マガジン」 http://musicmagazine.jp/ など

補足

調査プロセス（p.82）では冊子体の『大宅壮一文庫雑誌記事索引総目録』で12件ヒットとありますが，うち2件は重複しているので実際は10件です。

7. 時代劇のセリフ「持病のしゃく」とはどんな病気か？

辞典類の解説から<癪>，<積聚>もキーワードになります。

■近年刊行の医学史モノ（NDC490）にも詳しい記述

・『「腹の虫」の研究』（名古屋大学出版会 2012）

p.154-174 「癪」—「腹」と「胸」の病

・『医心方 巻十 積聚・疝瘕・水腫篇』（筑摩書房 2009）

p.3-39　積聚の種類と治療法

8.　オランダ商館長の全員のリストのようなものはある?

　冊子体資料およびWikipediaで一覧リストが見出せますが，名前のカナ表記,在任期間,歴代の数え方には異同があり,複数典拠を心がけ，参考文献・出典も紹介したいところです。

　調査プロセス（p.84）の『オランダ商館長日記　訳文編之1　上』（日本関係海外史料　東京大学　1976）は，現存のオランダ商館日記と関係文書を出典としており，信頼性の高い資料です。歴代数は168代としています。

■名前（カナ表記と原綴），在任期間が一覧できる資料
　歴代数はいずれも162代。
・『日本歴史大事典　4』（小学館　2001）資料篇 p.318-320
・『洋学史事典』（雄松堂出版　1984）付録 p.60-65
　上記の参考文献で発見！
・『日本史必携』（吉川弘文館　2006）p.674-676
・『対外関係史辞典』（吉川弘文館　2009）p.858-860
■Google検索<オランダ商館長>でWikipediaの関連項目へ
　カナ表記と原綴が併記されたものはなし。
・「カピタン」項に歴代オランダ商館長の一覧あり。歴代数は166代。下記のオランダ語版Wikipediaへリンクあり。
・「Lijst van VOC-opperhoofden in Japan」項（オランダ語）
　http://nl.wikipedia.org/wiki/Lijst_van_opperhoofden_van_Dejima
　歴代数は168代。

138

9. 豊田市が指定された都市制度と政令指定都市の違いは？

　名称の確定はインターネット検索が近道。概要を簡潔に知りたいのなら『現代用語の基礎知識』や『ポプラディア　新訂版』（ポプラ社　2011）などの事典類，より詳しい資料は地方自治（NDC318）のセンで探します。

　根拠法令である地方自治法の改正も考えられるので，関連サイトを確認し，最新情報を提供することも必要となります。

■近年刊行の図書から

・『政令指定都市』（中公新書　中央公論新社　2013）

　政令指定都市・中核市・特例市の一覧や比較表あり。

■インターネット情報源

・「地方公共団体の区分」（総務省）

　http://www.soumu.go.jp/main_sosiki/jichi_gyousei/bunken/chihou-koukyoudantai_kubun.html

・「中核市市長会」　http://www.chuukakushi.gr.jp/

10. 大賀ハスという古代のハスについて知りたい。

　蔵書が豊富なら件名検索＜ハス＞やNDC479，626の棚でハス（蓮）関連本を探します。また，Google検索＜大賀ハス＞で上位にヒットする関連サイトも役立ちます。

■児童書やビジュアルなハスの本から

・『きっずジャポニカ　新版』（小学館　2013）

　p.144　＜おおがはす【大賀蓮】＞　写真と解説あり。

・『レンコン（ハス）の絵本』（そだててあそぼう78　農山漁村文化協会　2008）　発見の経緯も記述。

・『花蓮品種図鑑』（誠文堂新光社　2009）写真と解説あり。

レファレンス事例50題・追加情報⋯⋯⋯**139**

■インターネット情報源
・「大賀ハス何でも情報館」（千葉市）
　http://www.city.chiba.jp/toshi/koenryokuchi/kanri/chuo-inage/chibap06ogahasu.html
　大賀ハスの情報や写真が満載！調査プロセス（p.86）にあげた『大賀ハス』（千葉市立郷土博物館）も一部閲覧可能です。

11．カナダのバンクーバーを漢字で書くと，どんな字?

　この手の質問に役立つ資料は多くありますが，調査プロセス（p.87）の『宛字書きかた辞典』（柏書房　2000）は9種類と最多収録のうえ，その漢字の典拠資料もわかります。
■当て字辞典
・『当て字・当て読み漢字表現辞典』（三省堂　2010）
　＜晩香波＞，現代中国語では＜温哥華＞
・『読んで楽しむ当て字・難読語の辞典』（東京堂出版　2011）
　第2部「外国の地名」p.223-226　＜晩香坡＞
■中国語辞書の付録にある人名・地名・作品名などの一覧
・『講談社中日辞典　第3版』（2010）　＜温哥华＞
・『日中辞典　第2版』（小学館　2002）　＜温哥华＞
■インターネット情報源
・「ちょっと便利帳」（みんなの知識委員会）
　http://www.benricho.org/
　「外国名・外国地名の漢字表記」に5種類掲載。
　＜晩香坡・晩香波・晩克坡＞，中国語＜温哥华・溫哥華＞
・「リサーチ・ナビ」＞「調べ方案内」（国立国会図書館）
　「西洋の人名・地名の漢字表記」で役立つ資料を紹介。

12. 妹尾河童の奥さんが書いた本を読みたい。

　知名度の高い人物であればインターネットでプロフィールを確認。また，雑誌記事検索で見出しが手がかりになります。

■Wikipedia の「妹尾河童」項

　"妻はエッセイストの風間茂子" とあり。

■「NDL-OPAC」＞「雑誌記事検索」（国立国会図書館）

　https://ndlopac.ndl.go.jp/

　論題を＜妹尾河童＞で検索すると，夫妻に関する記事あり。「夫婦といえど，一心同体になんてなれないのだから　契約結婚 50 年。（略）妹尾河童×風間茂子」『婦人公論』96(13)，2011.6.7，p.30-33

■「国立国会図書館サーチ」

　簡易検索＜風間茂子＞で著作や雑誌記事が判明します。ご希望のものがあれば所蔵調査へすすみます。

補足

　現存の人物を調べるための冊子体の人名録は，休刊・終刊となったものが多く，『現代日本人名録』（日外アソシエーツ）も 2002 年版以後は刊行されていません。

13. 江戸時代の『東雅』はどんな作品？ 活字本で読めるか？

　国書の活字本調査では，データベースやデジタル化資料も活用できます。

■『国書総目録』（岩波書店）と追録情報のデータベース

・「日本古典籍総合目録データベース」（国文学研究資料館）

　http://base1.nijl.ac.jp/~tkoten/about.html

　書名や著者の読みがわからないときでも検索可能。

■判明した『東雅』の活字本をデジタル化資料で利用する
・「国立国会図書館デジタルコレクション」
　http://dl.ndl.go.jp/
　『東雅』（吉川半七刊　1903）はインターネット公開で全文が利用でき，限定公開の『新井白石全集　第4』（国書刊行会1907）は目次情報まで利用できます（全文は図書館送信参加館内公開）。
補足
　『国語学研究事典』（1977）とその新版『日本語学研究事典』（明治書院　2007）では，＜東雅＞の記述は同一内容です。

14.　小岩井農場は創設者の名にちなんでいる。それは誰?

■歴史事典や＜社名＞のセンから次の資料でも判明
・『明治時代史大辞典　1』（吉川弘文館　2013）
・『誰かに教えたくなる社名の由来　Part2』（講談社　2003）
■本家本元のサイトで確実な情報が得られる
・「小岩井農場」http://www.koiwai.co.jp/
　「小岩井農場の歴史」＞「創業者の思い」に創設の経緯や創業者3人の写真・プロフィールあり。

15.　ポツダム宣言の全文（日本語）を探している。

　「○○宣言」などの歴史的文書についてのレファレンスはたびたびあり，使える資料の特徴（原文併記，解説の有無など）をよく知って収集と保存をはかりたいところです。
■収録されている史料集
・『世界史史料　10』（岩波書店　2006）
　p.404-405「ポツダム宣言」日本語訳あり。原典から新たに

訳出し，解説も付しています。

・『終戦の詔書』（文藝春秋　1995），『開戦の詔書』（自由国民
社　2005）

ともに英文・日本文併記。

■インターネット情報源

・「データベース『世界と日本』」（東京大学東洋文化研究所）

http://www.ioc.u-tokyo.ac.jp/~worldjpn/

「日本政治・国際関係データベース」

重要文書や演説を提供する有用な情報源。「ポツダム宣言」
の日本語・英語・中国語全文を収録（出典情報あり）。

補足

各種の条約集最新版には収録されていますが，『六法全書』
は平成18年版以降，収録されていません。

16. 2100年と2101年のカレンダー表をみたい。

『imidas』は2007年版（21世紀スーパーカレンダーあり）で
休刊。ほかに同様の冊子体資料は見当たりません。

■「Dnavi　国立国会図書館データベース・ナビゲーション・
サービス」http://dnavi.ndl.go.jp/

（2014年3月31日でサービスを終了し，収録データのリス
トを「国立国会図書館デジタルコレクション」で公開）

NDC449（時法・暦学）の登録サイト内に万年カレンダー
あり。指定した1年の年間カレンダーが表示されます。

・「こよみのページ」（かわうそ@暦）

http://koyomi.vis.ne.jp/　1583年〜2199年を収録。

・「暦情報データベース」（北海道大学情報基盤センター）

http://www.hucc.hokudai.ac.jp/~x10508/　収録範囲不明。

レファレンス事例50題・追加情報………143

17. 「冬眠鼠」の読みと意味を知りたい。

■難読語辞典（図書・インターネット情報源）で検索
・『ウソ読みで引ける難読語辞典』（小学館　2006）
　巻末のウソ読み索引がユニーク。当てずっぽうの読み＜と
うみんねずみ＞で検索でき，読みと意味がわかります。
・「固有名よみかた検索」（日外アソシエーツ）
　http://www.reference-net.jp/
　＜冬眠鼠＞で検索し，読みと簡単な説明が得られます。こ
のツールを含む日外アソシエーツの「レファレンスクラブ」
サイトでは，参考図書の新刊情報なども提供しています。
■二次質問で"写真も……"ときたら役立つ図鑑
・『日本哺乳類大図鑑』（偕成社　2010）p.94-97　＜ヤマネ＞
　行動や生態をカラー写真で紹介。冬眠中の写真もあり。

18. 栃木県の「しもつかれ」って，どんな食べ物ですか？

　各地の食文化（郷土料理，特産品，食材など）を扱う児童
書の出版が，"食育"とも関連して増えています。都道府県別
の編集や，写真とレシピがしっかりある資料は活用度大です。
■カラー写真とともに歴史や作り方を紹介
・『郷土料理』（ポプラディア情報館　ポプラ社　2009）
・『郷土料理のおいしいレシピ：たべよう！つくろう！47都
　道府県　東日本編』（教育画劇　2009）
・『未来へ伝えたい日本の伝統料理　冬の料理』(小峰書店
　2010)
・『おもしろふしぎ日本の伝統食材　5　だいず』(農山漁村文
　化協会　2008)

144

19. 日本でピルが解禁された日付（年月日）を知りたい。

　Google 検索＜ピル　解禁＞で認可・販売年月日の情報が多数ヒットしますが，"1998 年"とするサイトもあり，関連図書や新聞記事などで裏づけが必要となります。

　キーワードは＜低用量ピル＞，＜経口避妊薬＞も有効。＜女性学＞という観点からも調査できます。

■図書

・『岩波女性学事典』（岩波書店　2002）
　　p.391-392　＜ピル＞"99年6月に認可。9月から販売開始。"

・『ピルはなぜ歓迎されないのか』（勁草書房　2005）
　　歴史的経緯が詳しく，承認→認可→販売の年月日が判明。

■専門図書館のデータベースで関連資料を探す

・「女性情報ポータル　Winet（ウィネット）」（国立女性教育会館女性情報センター）　http://winet.nwec.jp/

　「文献情報データベース」を＜経口避妊薬＞で件名検索すると図書，雑誌・新聞記事が的確に探し出せます。

20. 1年に春が2度来た，という和歌の作者・句・歌集？

　＜立春＞，＜としのうち＞，＜ひととせ＞などのキーワードに置き換えられるかがポイントになります。

　Ⓐ年のうちに春は来にけり……（在原元方『古今和歌集』）

■和歌の本を＜立春＞や＜年内立春＞で探す。Ⓐの解釈もあり

・『名歌名句大辞典』（明治書院　2012）
　　事項別分類。作者や句が不確かでも＜立春＞項で探せます。

・『歌がたみ』（平凡社　2012）

■和歌のデータベースで全文検索

・「二十一代集データベース」（国文学研究資料館）

http://base1.nijl.ac.jp/~anthologyfulltext/

　＜としのうち＞，＜ひととせ＞，＜はる＞で④を含め複数ヒット。お探しの"有名な和歌"かどうかの裏づけとして，解説や解釈のある資料を添えて提供します。

21．地球の経度1度は，緯度が変わると距離も違うの？

　調査プロセス（p.97）で用いた『理科年表』は，平成26年版から経度1°（度）の数値がなくなり，④経度1″（秒）に対する弧の長さのみ掲載。経度1度の距離は④に3600を掛ける計算が必要なので要注意です（1度＝60分＝3600秒）。表タイトルも「地球の大きさに関する表」から「地球楕円体に関する幾何学的諸量」へ変更されています。

■児童書で調べる

・『発見・体験！地球儀の魅力　2　めざせ！地球儀の達人』（少年写真新聞社　2012）

　経度緯度をわかりやすく解説し，"赤道上での経度1度分は約111km"の記述あり。

■子ども向けではないが計算可能なインターネット情報源

　2地点の緯度・経度を指定すると距離が計算されます。

・「測量計算サイト」（国土地理院）

　http://surveycalc.gsi.go.jp/sokuchi/

　「距離と方位角の計算」

・「高精度計算サイトkeisan」（カシオ計算機）

　http://keisan.casio.jp/

　「トップ」＞「数学・物理」＞「地学」＞「2地点間の距離と方位角」

22. 山口県大津郡の，いがみ・むかつく小学校の漢字は？

Google 検索＜山口県　小学校　一覧＞でヒットする関連サイトで確認できます。ただし，地名や学校名の調査では，市町村合併や学校統廃合による変更や消滅にも注意が必要です（2005 年 3 月 22 日，合併により大津郡油谷町は長門市へ）。

■小学校のリストで調べる

・「公立小学校一覧」（山口県教育委員会）

http://www.pref.yamaguchi.lg.jp/cms/a50100/kkt/kouritusyougaku.html

長門市 11 校中に向津具小学校（2013 年 4 月 1 日現在）。

・「公立小学校一覧」（やまぐち総合教育支援センター）

http://shien.ysn21.jp/contents/student/schoollist/shougakkou.html

長門市 13 校中に伊上小学校，向津具小学校（2009 年 3 月 16 日現在）。「子どものページ」には学校名の読みあり。

・Wikipedia の「山口県小学校の廃校一覧」項

"長門市立伊上小学校（2010 年油谷小へ統合）"の記述。

■地名で調べる

・「郵便番号検索」（日本郵便）

http://www.post.japanpost.jp/zipcode/

地名のカタカナ読み ⇔ 漢字表記の検索で＜イガミ＞，＜ムカツク＞の漢字を確認。近年の合併情報もわかります。

23. 胃カメラを開発した医師のモデル小説を読みたい。

「○○をテーマにした小説を読みたい」という日常茶飯事の，かつ図書館の調査能力が問われる質問です。＜胃カメラ＞のキーワードから入って，参考文献，書評，内容情報の記述が手がかりになります。

■Google 検索＜胃カメラ　開発　小説＞で手がかりを得る

・「胃カメラを知っていますか：胃カメラ開発者　杉浦睦夫の
　ホームページ」（管理者：時実象一）http://www.ikamera.jp/
　「参考文献」ページで"開発の経過が詳しく述べられている
　唯一の小説"として『光る壁画』をあげています。

■「Webcat Plus Minus」（国立情報学研究所　http://webcatplus.
　nii.ac.jp/pro/）をフリーワード検索＜胃カメラ＞
　目次情報がヒットする資料の参考文献に『光る壁画』あり。

・『世界を驚かせた日本人の発明力』（アスキー新書　アス
　キー・メディアワークス　2010）

・『ニッポン天才伝』（朝日新聞社　2007）

補足

　『日本大百科全書　2版』では開発者の氏名を"杉浦睦男"
と記述していますが，正しくは"杉浦睦夫"です。

24. 別府湾近くで獲れるカレイの名は？　美味らしいヨ。

　まずは＜大分県＞，＜名産・特産＞，＜食材＞のセンで探す
方が調査時間を短縮できます。そこで＜城下かれい＞のほか
に＜マコガレイ＞のキーワードも得られると，＜魚類＞からの
調査に活きてきます。

■都道府県別に探せる資料なら＜大分県＞の項で発見！

・『郷土料理』（ポプラディア情報館　ポプラ社　2009）

・『事典日本の地域ブランド・名産品』（日外アソシエーツ
　2009）

・『食の地図：日本各地の味を楽しむ　2版』（帝国書院　2011）
　都道府県ごとに郷土料理や特産品をイラストで紹介。

・『47都道府県・魚食文化百科』（丸善　2011）

■"日出町の城下かれい" と判明したらより詳しい資料へ

・『たべもの起源事典』（東京堂出版　2003）

・『さかな食材絵事典』（PHP研究所　2004）

・『調べてみようふるさとの産業・文化・自然　3　地場産業と名産品　1』（農山漁村文化協会　2007）

・『海の魚大図鑑』（日東書院　2010）

補足

　調査プロセス（p.100）の『日本の名産事典』は『全国名産大事典』（日本図書センター　2010）に改題複製されました。

25. 詩の賞「H氏賞」のH氏はどういう人物なのですか？

　Google検索<H氏賞>でヒットするWikipediaの「H氏賞」項や主催団体のサイトから氏名とプロフィールを確認。<協栄産業の創業者>や新聞の訃報欄のセンからも関連資料を探してみます。

■「Webcat Plus Minus」，「国立国会図書館サーチ」で検索

・『日本の創業者：近現代起業家人名事典』（日外アソシエーツ　2010）p.97　<協栄産業>の項に略歴とエピソード。

・『H氏賞57年のあゆみ』（日本現代詩人会資料室　2007）平沢氏と賞についてまとまっており，提供したい資料。

・『史上空前の繁栄をもたらした人びと』（総合法令　1993）p.116-123　H氏賞の経緯や企業人としてのエピソード。

■亡くなった翌日の1991（平成3）年8月21日の訃報欄新聞縮刷版で確認。朝日・毎日・読売など写真つきで掲載。

■インターネット情報源

・「H氏賞の創設」（日本現代詩人会）

http://www.japan-poets-association.com/about/naritachi/post_13.

html

26. 戦争中に，赤紙のほかに白紙もあった。それは何？

　索引や資料検索で＜白紙＞を引いてもピンポイントでたどりつけるものは多くありません。初動調査でつかんだ＜徴用＞，＜国民徴用令（1939年7月発令）＞，＜召集令状＞などのキーワードも頭に入れて調査します。戦争や戦時下の生活をテーマとした児童書も簡潔に知りたいときには使えます。

■近年刊行の図書から

・『白紙召集で散る』（新潮社　2010）p.34-37
・『戦争とくらしの事典』（ポプラ社　2008）p.6-7 ＜赤紙＞項
・『アジア・太平洋戦争』（ポプラディア情報館　ポプラ社　2006）p.34-35 「きゅうくつになる国民生活」
・『目でみる「戦争と平和」ことば事典　1』（日本図書センター　2008）p.69 ＜国民徴用令＞項

■専門図書館のデータベースで関連資料を探す

・「図書・資料検索」（昭和館）
　http://www.showakan.go.jp/search/

　調査プロセス（p.102）で紹介したOPACが公開され，目次情報が＜白紙＞関連資料の探索に有効。レファレンス事例も戦時下の暮らしに関する調査に役立ちそうです。

27. キューバ共産党系の新聞HOYの読みと意味は？

　キューバ関連本で記述を探すときは，やはり索引があると調査がすすみます。

■キューバ関連本

・『キューバの歴史：キューバ中学校歴史教科書』（世界の教

科書シリーズ 28　明石書店　2011）

索引に＜オイ＞あり。"1965 年……,『オイ』紙と『革命』紙を統合して『グランマ』紙を創刊し, 党の正式な機関紙とする"（p.488）などの記述が見出せます。

・『フィデル・カストロ：みずから語る革命家人生（下）』（岩波書店　2011）

索引では引けませんが, 巻末の年表 p.38 に, "1965 年 10 月 3 日……PSP 機関紙オイが統合され……"とあり。

■『HOY』の出版事項を海外の図書館の OPAC で確認する

・「Library of Congress Online Catalog」（米国議会図書館）
http://catalog.loc.gov/

Quick search で ＜Hoy Cuba newspaper＞ を入力。タイトル変遷や出版年月などを確認したいときに有効です。

『Noticias de hoy』（1938.5.16〜1964.4.26）→『Hoy』（1964.4.28〜1965.10.3）→『Granma』（1965.10.4〜）

28.　都道府県の県花・県鳥・県木・県章・県章の由来は？

調査プロセス（p.104）にある「全国知事会」（www.nga.gr.jp/）のサイトは一覧表と詳細情報（解説・写真・制定年）があり最適ですが, 冊子体も使える資料が多く出版されています。

■近年刊行の図書（おもに都道府県別に掲載）

・『誇れる郷土データ・ブック　2012 年版』（シンクタンクせとうち総合研究機構　2012）県名の由来や県の歌も収録。

・『都道府県別日本の地理データマップ　新版』全 8 巻（小峰書店　2012）県花・県鳥・県木は写真つき。

・『日本のすがた　9　資料編・総索引』（帝国書院地理シリーズ　帝国書院　2013）　県名の由来も収録。

・『日本地理　第 2 版』（ポプラディア情報館　ポプラ社 2011）一覧あり。ただし県章の由来は一部のみ。

補足

　調査プロセス（p.104）にある『読売年鑑』は 2013 年版より 1 冊に統合され，情報激減！＜各国の現況＞や＜都道府県＞の情報もなくなり，この事例には使うことができません。

29.　ミュージカル「キャッツ」の原作を日本語で読みたい。

　ミュージカル本でもインターネットでも，＜キャッツ＞の原作者，原書名，日本語タイトルは容易につかめます。ただし，翻訳書の調査では，全集への収録，日本語タイトルがさまざまなどの場合に注意します。初動調査で得たキーワードも活かし，＜エリオット＞と＜キャッツ＞，＜猫＞，＜possum's＞でかけ合わせ検索をするのも効果的です。

■近年刊行の図書から

・『袋鼠（ポサム）親爺の手練猫名簿』（日本評論社　2009）柳瀬尚紀による 15 編全訳。

・『猫たちの舞踏会：エリオットとミュージカル「キャッツ」』（角川ソフィア文庫　角川書店　2009）

　余計なお世話かもしれませんが，原作とミュージカルを対比した関連資料として。

30.　最初の 1 万円札はいつ発行された？　日常品の物価は？

■＜紙幣＞についてカタログや製造・発行元サイトで調べる

・『日本貨幣カタログ』（日本貨幣商協同組合　年刊）

　カラー写真とともに正式名称（日本銀行券 C 号 10,000 円）や発行年月日などの基本データを掲載。

・「国立印刷局」 http://www.npb.go.jp/ 「お札の紹介」
・「日本銀行」 http://www.boj.or.jp/ 「銀行券・貨幣」
■当時のニュースや記事で確認
・「昭和毎日」（毎日新聞社） http://showa.mainichi.jp/
「昭和のニュース」で当時の記事や写真を交えて紹介。
■昭和30年代の物価がわかる資料
・『物価の文化史事典：明治／大正／昭和／平成』（展望社
2008）
さまざまな品目の価格変遷がわかります。解説や出典あり。
・『キャラメルの値段：昭和30年代・10円玉で買えたもの』
（河出書房新社 2002）
小売物価統計の資料から昭和34年の価格を多数掲載。
■「レファレンス協同データベース」（国立国会図書館）
http://crd.ndl.go.jp/reference/
＜物価＞でヒットする事例が調査の参考になります。

31.　国旗と校旗を校門に併揚する時の方法がわかります？

　調査プロセス（p.107）と同じく，＜国旗の掲揚（扱い）＞，
＜国際儀礼＞，＜プロトコール＞，＜式典＞，＜学校行事＞などの
観点で調査します。掲揚の方法が知りたいので，図で示す資
料を提供できるとより理解を助けます。

　インターネットでは外務省のサイトや，類似のレファレン
ス事例を参照できます。

■"校旗"や"門柱"の記述がある資料
・『学校でする儀式作法の基礎知識＆教職マナーの常識』（明
治図書出版 2011）
p.18　校旗は向かって右，国旗より小さく，やや下の位置。

レファレンス事例50題・追加情報………153

・『公用あいさつ事典　新版』（ぎょうせい　2008）

　p.1028　門・壁などに掲揚する場合は向かって左が上位。

■「グローカル外交ネット」（外務省）

　http://www.mofa.go.jp/mofaj/gaiko/local/

　「海外のお客様を迎えるために」＞「プロトコールでよくあるご質問」＞「国旗の掲揚，取り扱いなどについて」

　原則と望ましい方法を説明しています。

■「レファレンス協同データベース」（国立国会図書館）

　<国旗　掲揚>でヒットする多数の事例が参考になります。

32.　秀吉だか誰かの「人の一生は重い荷物を〜」の全文。

　<名言>を離れて，出典とされる<東照公御遺訓>や<遺訓>を新たなキーワードとして調査すると，家康作の真偽について情報が得られます。

■『国史大辞典　10』（吉川弘文館　1989）

　<東照宮御遺訓>の項に，後世の擬作と推定され，徳川光圀作として伝えられていた『人のいましめ』の教訓文を幕末期に一部改め，改題して流布したもの，との記述があります。

■「Webcat Plus Minus」をフリーワード検索<家康　遺訓>

・『江戸時代の古文書を読む：家康・秀忠・家光』（東京堂出版　2012）

　p.17-46「第1章　徳川家康の遺訓」に「東照宮御遺訓」と「人のいましめ」の古文書と解読文，読み下し文，解説あり。詳しく知りたい方には提供してもよさそうです。

■「国立国会図書館デジタルコレクション」を利用する

　調査プロセス（p.108）にある『東照公遺訓と逸話』（東照宮社務所　1925）などもインターネット公開されています。

■「レファレンス協同データベース」（国立国会図書館）

　＜家康　遺訓＞でヒットする事例が調査の参考になります。

33. 歌舞伎「天衣紛上野初花」の読みと荒筋を知りたい。

　歌舞伎・狂言・浄瑠璃は通称にも注目。関連書を探すとき
は通称の＜河内山（と直侍）＞もキーワードになります。

■「kotobank」（http://kotobank.jp/）で基本情報を得る

　「世界大百科事典　第2版」「デジタル大辞泉」の記述から
読み，通称，簡単なあらすじが判明します。

■あらすじは事典類のほか，名作ガイドがわかりやすい

・『最新歌舞伎大事典』（柏書房　2012）

・『歌舞伎ギャラリー50：登場人物＆見どころ図解』（学習研
　究社　2008）　通称の＜河内山＞と＜直侍＞で掲載あり。

■歌舞伎関連サイト

・「文化デジタルライブラリー」（日本芸術文化振興会）

　http://www2.ntj.jac.go.jp/dglib/

　伝統芸能を調べる・見る・学ぶためのサイト。「天衣紛上野
初花」の概要・あらすじ・鑑賞のポイントを詳細な解説と映
像で楽しめます。

34. 新潮社『波』での逢坂剛の対談内容は？（1997年ごろ）

　「NDL-OPAC」のほか，主要な検索ツールでも判明します。

・「国立国会図書館サーチ」　http://iss.ndl.go.jp/

・「CiNii Articles」（国立情報学研究所）http://ci.nii.ac.jp/

・「Webcat Plus Minus」　http://webcatplus.nii.ac.jp/pro/

補足

　調査プロセス（p.110）のコメント，『文芸年鑑』の累積索

引版がほしい！の要望に一部応える資料が刊行されています。

・『文芸雑誌小説初出総覧』（日外アソシエーツ　2005-2007）

　1945 年～ 2005 年に文芸誌・総合誌・PR 誌などに掲載され
た小説・戯曲作品を検索できます。『文芸雑誌小説初出総覧
翻訳小説篇』（2011）もあります。

35. 松井秀喜選手の高校時代の雑誌記事がリストである？

　一般誌の記事の探索は，やはり『大宅壮一文庫雑誌記事索
引総目録』が有効です。"ゴジラ"や"松井クン"の見出し記
事も拾えます。

　ただし，『週刊ベースボール』（ベースボール・マガジン社）
などの野球雑誌の記事は採録されていません。利用者の方が
求めている内容次第では，専門図書館への協力レファレンス
も視野に入れておきたいところです。

■専門図書館

・「野球殿堂博物館」　http://www.baseball-museum.or.jp/

　図書室があり，野球関連の雑誌を多数所蔵しています。

36. 若手数学者の賞でノーベル賞的に有名なのは何か。

　Google 検索＜数学 ノーベル賞＞で＜フィールズ賞＞を確定
し，関連資料の調査へという流れになります。

■Wikipedia の「フィールズ賞」項

　http://ja.wikipedia.org/wiki/%E3%83%95%E3%82%A3%E3%8
3%BC%E3%83%AB%E3%82%BA%E8%B3%9E

　概要と受賞者一覧（読み，原綴，生没年，国籍）が判明。公
式サイト（英語）や各受賞者のプロフィール項目へのリンク
でさらに詳しい情報が得られます。

■<賞>や<数学>のセンから

・『世界の賞事典』（日外アソシエーツ　2005）

　総合・自然科学分野の6賞中に<フィールズ賞>あり。数学ではほかに<アーベル賞>も収録。

・『岩波数学入門辞典』（岩波書店　2005）

　p.505-506　<フィールズ賞>に解説と受賞者リストあり。

・『フィールズ賞で見る現代数学』（ちくま学芸文庫　筑摩書房　2013）

　提唱者J.C.フィールズの略歴，賞の歴史，受賞者の数学的業績が詳しく，フィールズ賞の全容を知ることができます。

補足

　4年に一度の国際数学者会議（ICM）で授与されるフィールズ賞，次回の開催は2014年です。

37.　米国の現職の州知事が一覧できる資料はありますか？

　調査プロセス（p.113）にある『世界年鑑　2013』（2013年1月現在の情報）プラス新聞記事（例：『朝日新聞』2013年11月7日付朝刊11面に2州の知事選結果）のセットが基本ツールです。どちらも人名はカナ表記で原綴はありません。

　州政府の情報なので関連団体のサイト（英語）にアクセスし，最新の情報とあわせて提供することもできます。

■日本の「全国知事会」のようなサイトがあるはず！

　Wikipediaの「全米知事協会」項に外部リンクあり。

・「National Governors Association」（NGA，英文サイト）

　http://www.nga.org/cms/home.html

　現職の一覧・写真・プロフィール・歴代・夫人・選挙結果など。

レファレンス事例50題・追加情報………157

■アメリカに関するレファレンス・ブック
・『現代アメリカデータ総覧　2011』（柊風舎　2013）
　索引＜州知事＞から p.256「州知事選挙，投票と当選者」に一覧表あり（原綴表記）。2010 年 4 月 3 日現在の情報なので，出典の NGA サイトや冊子体資料で最新情報を提供します。

38．日本の食糧自給率の推移を，主要品目別に知りたい。

　現在までの推移が各年ではなく，おもに 5 年周期の資料もあるので，求めるデータに適っているか留意します。
■約 20 年分の各年データがある資料
・『数字でみる日本の 100 年　改訂第 6 版』（矢野恒太記念会　2013）　1911（明治 44）年からの変化を確認できる資料。
　p.199　1911〜1990（おもに 5 年ごと）・1993〜2011 の各年。
・『食料・農業・農村白書参考統計表　平成 25 年版』（日経印刷　2013）
　p.99　1960〜2011 年の各年データ。
■インターネット情報源
・「食料自給率の部屋」（農林水産省）
　http://www.maff.go.jp/j/zyukyu/
　昭和 35 年度〜平成 23 年度の長期統計。
補足
　調査プロセス（p.114）にある『読売年鑑』は 2013 年版から 1 冊に統合され，統計の章がなくなっています。

39．日本経済に関する専門の英字新聞はありますか？

　"日本で唯一の英字経済紙"の『THE NIKKEI WEEKLY』は 2013 年 9 月で休刊となり，『Nikkei Asian Review』に統合

158

されました。創刊号は 2013 年 11 月 21 日号。Web サイト，アプリ版，雑誌版で読むことができます（有料）。

・「Nikkei Asian Review」（Nikkei）　http://asia.nikkei.com/

40. 銚子大滝にある佐藤春夫の詩碑の全文を知りたい。

まずは＜銚子大滝＞の場所を確定し，＜奥入瀬＞，＜青森＞，＜佐藤春夫＞，＜文学＞と観点を広げて調査していきます。

また，インターネットの個人サイトなどでは，銚子大滝の手前にある木製の掲示板（詩「奥入瀬谿谷の賦」を記す）を佐藤春夫の詩碑として紹介しているものが多数あります。もしかするとこちら？の可能性も考えられ，「奥入瀬谿谷の賦」と「反歌　銚子大滝」と両方を提供した方がよさそうです。

■＜銚子大滝＞が青森と判明すれば下記の事典が手にとれる

・『東北近代文学事典』（勉誠出版　2013）

　p.569-570　建立の経緯と「おちたぎり」の碑文全文。索引に＜銚子大滝＞はなく，＜佐藤春夫＞と＜奥入瀬＞で引く。

■Google 検索＜銚子大滝　佐藤春夫＞で地元の情報がヒット

・「青森県近代文学の名品　vol.69　佐藤春夫詩軸『おちたぎり～』」（青森県立図書館）

　http://www.plib.pref.aomori.lg.jp/top/museum/meihin_69.html

　詩碑の全文と来歴を掲載。出典は 2008 年 7 月 31 日付『毎日新聞』青森版。

補足

　『日本の文学碑』全 2 冊（日外アソシエーツ　2008）でも判明します。こちらは調査プロセス（p.116）の『全国文学碑総覧』の新訂増補の普及版です。

41. 日本の船の名は, なぜ「○○丸」と丸の字が付くの?

　Google検索<船名　丸>でヒットする情報のほとんどが出典や参考文献を示していません。Wikipediaの「船名」項は詳しい解説で概要をつかめますが, 出典は下記のサイトです。

■海洋・船舶関連機関のサイトで①②両説を記すもの
　①船舶法取扱手続第1条
　②歴史的由来・起源説：愛称・人格・城郭・問丸説など
・「海・船Q&A」(船の科学館)
　http://www.funenokagakukan.or.jp/sc_08/index.html
・「ふねの豆知識」(神戸海事広報協会)
　http://www.kaijikoho-kobe.org/船のまめ知識/
・「海と船なるほど豆事典」(日本海事広報協会)
　http://www.kaijipr.or.jp/mamejiten/
　子ども向けの解説。おすすめ本として文献紹介あり。

■近年刊行の船舶・運輸関連書にも①②両説あり
・『交通の百科事典』(丸善出版　2011)　p.1-3　<愛称>項
・『日本商船・船名考』(海文堂出版　2006)

補足

　調査プロセス (p.117) であげた『国史大辞典　13』p.210
<丸号>項や, 由来が13説と詳しい典拠資料の著者はいずれも石井謙治氏です。出典や参考文献もあり, もっと詳しく知りたいときに調査をすすめる手がかりとなります。

42. 今年10月8日の三浦半島の昼から3時までの潮汐は?

　『理科年表』最新版で横浜の満潮・干潮時刻が得られます。三浦半島により近い地点の時刻と潮位はインターネットで。潮の満ち引きがイメージしやすいグラフ表示もあります。

■インターネット情報源

・「潮汐推算」（海上保安庁海洋情報部）

　http://www1.kaiho.mlit.go.jp/KANKYO/TIDE/tide_pred/index.htm

　横須賀，久里浜の推算データ　例）久里浜15時潮位147cm

・「潮位表」（気象庁）

　http://www.data.kishou.go.jp/db/tide/suisan/index.php

　横須賀，油壺の予測データ　例）油壺15時潮位146cm

　補足

　　冊子体資料の『潮位表』は2001年で刊行終了です。

43.　弥次・喜多コンビの孫がロンドンへ行く本を読みたい。

　初動調査で『西洋道中膝栗毛』の書名をつかんだら，きちんと概要確認へ。全15編中，1〜11編は仮名垣魯文作，12〜15編は総生寛の作であることに注意。例えば調査プロセス（p.119）にある『明治の文学　1　仮名垣魯文』は，11編までしか収録されていないので，提供時に確認が必要です。

■作品の登場人物から探す

・『日本現代文学大事典　作品篇』（明治書院　1994）

　付録「作中人物索引」を＜喜多八＞，＜弥次郎兵衛＞で引くと＜万国航海西洋道中膝栗毛＞へ導かれます。

・『古典文学作中人物事典』（東京堂出版　2003）

　p.399-400　「『東海道中膝栗毛』弥次・喜多」

　影響作の項に"弥次・喜多の孫が世界をめぐる『西洋道中膝栗毛』"とあります。

44. ニューディール政策で最初に完成したダムの名と年。

<TVA>のキーワードをつかむことが重要ですが，次の一手，ニューディール政策やダムの本が手薄なときは，英文サイトで情報を得る手もあります。資料での裏づけは，都道府県立図書館の蔵書や協力レファレンスが頼りになります。

■ダム（NDC517.7）の本にあたる

・『ダムの科学』（サイエンス・アイ新書　ソフトバンククリエイティブ　2012）の「第2章　ダムの歴史」

　p.71-72　"ローズヴェルト大統領は……TVA……を立ち上げ，ノリス（Noriss）ダムを手始めに多数のダムを建設……"の記述とノリスダムのカラー写真あり。完成年はなし。

■Google 検索 <Norris dam first completed> で英文サイトへ

　TVA や ASCE（米国土木学会），Britannica の kids サイトなど，信頼性の高いサイトに 1936 年完成の記述あり。

・「Norris Reservoir」（Tennessee Valley Authority）

　http://www.tva.gov/sites/norris.htm

45. マヌエル・プイグの小説「Boquitas　Pintadas」が，94年ごろ翻訳されたらしいが，邦題は？

　全集，選集，アンソロジーに収録された翻訳作品は，原書名での検索が難しい資料です。この <Boquitas　pintadas> で検索して翻訳2点ともヒットするのは「CiNii Books」（国立情報学研究所　http://ci.nii.ac.jp/books/）などに限られます。

　データ検索だけでなく，翻訳書誌や現物にあたる丁寧な調査も欠かせません。

・「リサーチ・ナビ」＞「調べ方案内」（国立国会図書館）

　「外国語から日本語に翻訳された文学作品を探すための書

誌・目録」

補足

　1巻ものの『世界文学事典』（集英社　2002）は，調査プロセス（p.121）で役立った本文中の原書名および参考図書欄が割愛されており，全6巻の『世界文学大事典』との違いに注意が必要です。

46. 華岡青洲の薬「通仙散」「麻沸湯」の読み方は？

　医学史（NDC490.2）や科学史（NDC402）の資料が使えます。近年はルビのついた資料が増えており，助かる！

■＜つうせんさん＞，＜まふつとう＞の両方が判明する資料

・『江戸時代の医学』（吉川弘文館　2012）

・『日本医家列伝』（大修館書店　2013）

・『図説　江戸の科学力』（学習研究社　2009）

・『江戸の理系力』（洋泉社　2012）

補足

　調査プロセス（p.123）で紹介した那賀町のサイトは，合併により2005年11月7日から紀の川市となり，現在は閉鎖されています。

47. 「弘法にも筆のあやまり」というが，誤字は何？

　利用者の知りたい度合いにもよりますが，ことわざ，説話，古典文学と探索が広がります。このことわざと応天門の伝承とを特に関連づけていない資料もあり，複数典拠の提示が基本となります。出典の該当箇所を確認したいときは，デジタル化資料を利用する手もあります。

レファレンス事例50題・追加情報………163

■応天門の伝承と，出典（『今昔物語集』など）を示す資料
・『日本伝奇伝説大事典』（角川書店　1986）
　　＜空海＞の項に"応天門の字を正す"とあり。
・『ことわざで遊ぶ』（ことわざの学校　4　アリス館　2002）
　　児童書でこの逸話をわかりやすく解説。應の上の点。
・『雑学事典：「雑学大全」縮刷愛蔵版』（東京書籍　2012）
　　応の文字の一画目の点。
■「国立国会図書館デジタルコレクション」
　　調査プロセス（p.124-125）で用いた『続群書類従』（続群
書類従完成会　1925-1926）がインターネット公開されており，
出典を確認したいときに活用できます。

|補足|

　　調査プロセス（p.124）には『日本古典文学全集』（小学館）
は，応のどの点とは限定していないとありますが，同書の新
編と同じく，応の字の最初の点，と解説しています。

48.　華厳の滝で自殺した藤村操の，樹幹に記した全文は？

　　歴史関連の調査でお世話になる『国史大辞典』のほか，＜明
治時代＞に注目して時代別事典でも調べることができます。
■近年刊行の日本史事典
・『明治時代史大辞典　3』（吉川弘文館　2013）
　　p.317　＜藤村操事件＞に「巌頭之感」全文と写真あり。
■「国立国会図書館サーチ」簡易検索＜藤村操＞でヒットする
　　資料の目次情報から手がかりをつかむ
・『新・日本文壇史　第4巻』（岩波書店　2010）p.158-161
　　第10巻の総索引からも判明します。
・『日本の生死観大全書』（四季社　2007）p.144-145

49. 奈良の大仏の頭のボツボツは何というの？ いくつある？

調査プロセス（p.128-129）で取り上げた児童書は解説が詳しく，典拠資料も示す本格派。『奈良の大仏　新装版』（草思社　2010），『奈良の大仏をつくる　新版』（小峰書店　2004）は再刊され，長く使える資料です。近年のビジュアル面を重視した資料とあわせて奥行きのある資料揃えが求められます。

■児童書の実物大図鑑

・『歴史ビジュアル実物大図鑑』（ポプラ社　2010）

p.54-55　奈良の大仏の螺髪を実物大カラー写真で掲載！"らほつ"の読み，966個，大きさなどがわかる。

■インターネット情報源

・「よくあるご質問（FAQ）」（東大寺）

http://www.todaiji.or.jp/contents/qa/

「大仏さまの頭のぶつぶつは何ですか？」に読み，説明，写真あり。螺髪の数はなし。

50. 自転車の2人乗り禁止の根拠法令の条文はどれかな？

道路交通法と都道府県の公安委員会による規則の両方をおさえることがポイント。条文はインターネットでも確認し，最新の情報を提供します。

■Google 検索＜自転車　二人乗り　根拠法令＞

・「自転車に乗るときのルールとマナー」（神奈川県警察）

http://www.police.pref.kanagawa.jp/mes/mesf0178.htm

関連条文の○条○項かを明示し，手がかりが得られます。

■交通安全教育を意識した児童書の自転車関連本から

・『Q&A 式自転車完全マスター　1　道路交通法と自転車』（ベースボール・マガジン社　2012）

p.18-19　２人乗り，３人乗りの許可は各都道府県の「道路交通法施行細則」などで定められていることを明記。

■条文の提供

・「法令データ提供システム」（総務省行政管理局）

・東京都の場合は「東京都例規集データベース」（東京都）

　http://www.reiki.metro.tokyo.jp/reiki_menu.html

資料を提供するための
基本レッスン

藤村せつ子

　「私の知りたいことに応えてくれる，何かいい本はないかなぁ」と期待して図書館を利用する方が，望みのものと出会えるようお手伝いをする。図書館員の基本的な仕事です。カウンターやフロアなどで質問を受けたときには，さまざまな情報源を調べ，探しまくるのですが，「もっと適切な資料や探し方や案内のしかたがあったのでは？」と反省させられることの多い日々です。

　レファレンスの実際を知り，身につけるには，「レファレンス事例集」にそって自分自身で体験してみる方法が非常に役立ちます。資料やツールについての知識だけでなく，利用者の「？」に対してさまざまなアプローチがあり，質問 → 回答提示（資料提供）へ至るのだというレファレンスの流れ（プロセス）を自らの経験にできるからです。

　私自身もⅡ部の「レファレンス事例50題」をテキストにして，図書館の資料を手にし，インターネットも活用しながら調べていくなかで，発見や認識をあらたにし，学ぶことの多いレファレンス体験となりました。

1. 演習のメリット

①王道があるから安心して周辺資料の探索ができる

まずは調査プロセスにそって，解説されたツールで実際に調査してみます。知っているつもりでも実は使いきれていなかったり，定評のあるツールのよさを再確認したりもするので，手習いに専念してよいと思います。自館にない資料もできれば蔵書の充実した図書館を使って手にとってみることをおすすめします。蔵書に加えたいよい資料が発見できるかもしれません。また，さまざまな基本ツールや調査方法について習得しておけば，自館の資料では不十分なときも，インターネット上の信頼性の高い情報源を案内したり，協力レファレンスや協力貸出につないだり，といった迅速な切換えに結びつきます。

次に自館の蔵書などでほかにも使えるものはないかあたってみます。実際のレファレンスでは，利用者を前にして時間が気になってあせったり，蔵書がよく見えていなかったりで，うまく応えられないケースがよくあります。自館の蔵書を活かしきるつもりで調べていくと，調査プロセスで用いた資料と比べて使い勝手や説明内容の違いを意識しながら，個々の資料を評価できます。この切り口ではどうか？　を試してみて，基本ルートかわき道か邪道かも実感できます。

シェルパの地図を携えながら，その図書館なりの調べ方や筋道を踏査していく時間がとれるのも演習なればこそ。日常の利用者と向き合うレファレンスでは，満足してもらえる近道を案内できるよう，"急がば回れ"です。

②過去の事例や未来の二次質問を意識した調査も同時にできる

　事例を検討するなかで，「あの時，この方法で調べていれば……，この資料が蔵書にあったら……」という思いが利用者の顔とともに浮かんできます。

　以前に受けた類似の質問やうまく解決しなかった事例を思い起こして再調査してみると，「そうか，こうすればよいのか」とさらに納得。また，回答となる資料や情報を手にしたあとで，“写真がほしい”“それを読みたい”“新しい資料は”と言われたら？と，次なる質問（隠された要求）も視野に入れながら自分の観点で応用調査ができます。現在の調査が過去の事例とつながったり，未来の質問・要求へとすすんだり。いわば，一粒で三度おいしいというところでしょうか。

　たとえば，

・4番「十干十二支の訓読み」

　　→以前に同様の質問を受け，高齢の方だったので活字の大きい『暦の百科事典』(本の友社)をコピーで提供しました。音訓読みともあるものは？　貸出可能で活字が大きく見やすい資料は？　の観点で再調査もできます。

・15番「ポツダム宣言」

　　→この調査プロセスにならって過去の事例「ウィルソンの14ヵ条を知りたい」を再調査。『日本大百科全書』(小学館)のほかに，『大正ニュース事典』(毎日コミュニケーションズ)でも判明することがわかりました。

・7番「持病のしゃく」＆46番「華岡青洲の薬」

　　→直前に受けた「疳の虫について歴史的に知りたい」との質問に，この事例からピンときて『江戸の医療風俗事典』(東京堂出版)などが役立ちました。今回の再調査 (p.137)

資料を提供するための基本レッスン………169

でも，『「腹の虫」の研究』（名古屋大学出版会）に“疳の虫”の詳しい記述を発見できました。

③同じタイプの質問に対して経験を積むことができる

32番「人の一生は」の調査プロセス中に，“名言・名句モノは，……経験から検索しやすいモノをつかんでおくこと”とあります。

20番「1年春2度の和歌」，47番「弘法筆のあやまり」，48番「藤村操」などの〈言葉〉に関する調査のいろいろを体験するなかで，毎度毎度ただ片っ端から引くのではなく，索引の使いやすさ，引用文は全文か，出典や解釈はあるかなどを意識できるようになります。

1番「信濃町」，14番「小岩井農場」，22番「山口県の小学校」，40番「銚子大滝」などの地理・地名分野がかかわる調査においても，『角川日本地名大辞典』（角川書店）と『日本歴史地名大系』（平凡社）を何度も手にするうちに，使い方や読み込み方に慣れてきます。記述内容や得られる情報が違うからこそ，複数の情報源にあたる必要性があることもみえてきます。

ある分野のさまざまな情報源に対して，各々の特色をつかむと同時に，適切なものを選択するトレーニングができる。それが経験の積み上げというものではないかと思います（もちろん利用者と向き合う実践現場での“経験”の豊かさには及びませんが）。

下記の事例では，「最初の一手」や「次の一手」をマスターするとともに，冊子体資料とインターネット情報源の併用と使い分けについて学ぶことができそうです。

法　　　　令：5番「サッカーくじ法」，50番「2人乗り」
統計・データ集：21番「経度の1度」，38番「食料自給率」，
　　　　　　　　42番「潮汐表」
政 治 ・ 行 政：9番「豊田市」，28番「県花・県章」，
　　　　　　　　37番「アメリカ州知事」
歴　　　　史：3番「赤穂浪士」，8番「オランダ商館長」，
　　　　　　　　30番「1万円札」，44番「ニューディール」
雑 誌 記 事：6番「REO」，34番「『波』の対談」，
　　　　　　　　35番「松井秀喜」

2. レファレンスに役立つ資料・ツールを使いこなす

①索引やキーワードを使いこなすのが基本中の基本

　特に百科事典では索引を使うことで，質問事項を取り巻くテーマ，全体像までも見えてきて探索戦略が広がります。

　たとえば，46番「華岡青洲の薬」では，いきなり見出し語の〈華岡青洲〉項にあたってしまうと，十分な情報を得られないという好例です。『日本史大事典』(平凡社) では索引から〈医者〉の項目にも導かれます。人物や医学・薬学のレファレンス・ブックだけでなく，医学の歴史上に位置づけられるテーマなのだという新たな観点が加わり，手にする一般書がみえてきます。

　現在は「最初の一手」として，インターネットで基本情報を得ることが多くなっていますが，キーワードを把握し，関連テーマや全体像へ観点を広げるという調査の流れは変わりません。

　豊富な資料を提示し，選択の幅を広げることは，利用者に

資料を提供するための基本レッスン………171

対してよりよい絞り込みの自由を生み出すことになります。その意味で，司書は利用者にとっての索引的役割（道案内）にもなるのだといえます。

実際，「○○についての本は？」とたずねられたときに書架を案内しながら，「ここでもあるし，あちらにも関係資料が……」と言うと，「へぇ～，そうだったの（知らなかった）」という反応をされます。

また，本の特集やテーマ展示をするときは，分類や資料種別（一般書・児童書・雑誌など）を越えた資料との出会いがもたらされるよう意識的に構成します。

レファレンスは索引力，索引的な眼を鍛えてくれるといえますし，それは発想力や編集力としてもいきるものなのです。

10番「大賀ハス」，26番「白紙」，41番「○○丸の由来」の事例も参考になります。

②写真もあると利用者に喜ばれる

写真や図があってかつ貸出できる資料があると，"そう，これこれ"と喜ばれることはよくあります。中・小規模図書館の品揃えではレファレンス・ブックの見極めも大事ですが，使える図鑑・ビジュアル本の豊富さがいろいろな場面で利用者の満足度に結びつくことを実感させられます。

『朝日百科　植物の世界』(朝日新聞社)，『動物大百科』(平凡社)，『昭和二万日の全記録』(講談社)，『写真で見る日本生活図引』(弘文堂)，『日本の食生活全集』(農山漁村文化協会) などは調査にもよし，貸出にもよしで大助かりの資料です（調べ学習にも対応できます）。

また，ビジュアルという点では雑誌も第一級の資料です。

週刊分冊百科シリーズや『サライ』『別冊太陽』などは「写真がほしいんだけど……」というケースに使える「一手」です。日頃の貸出・返却・配架で資料にふれていると的確に手にできます。検索しにくいものは目次のコピーをファイルするなどの工夫がいきてきます。

事例の17番「冬眠鼠」，24番「別府湾のカレイ」，48番「藤村操」の典拠資料，および本書巻末のリスト「現役の司書たちは，どんな参考図書を使っているか」にも"目で見る資料"の有用性があらわれています。

③各地域に関する情報源の活用

事例の18番「しもつかれ」，24番「別府湾のカレイ」のように，ある地域にかかわる事柄については，小学生の調べものから始まってよくたずねられるテーマです。

地方出版物ならではのレファレンス・ブック『○○県大百科事典』（地元新聞社などが刊行する地域百科事典）は，伝統工芸について，民俗・行事について，方言や自然や人物・歴史的事実についてなどさまざまなレファレンスで使えます。

1冊ものの地図帳でも，都道府県別に編集され，ご当地の特産物や遺跡・史跡が地図上に載っている資料は視覚的に探しやすく実用的です。

市町村立図書館の現場では，2類・3類の県別シリーズや旅行ガイドブック，児童書を総動員して調べることになりますが，全国分を揃えず，"関東編のみ"とか"近隣6県まで"の所蔵では意外と足りない思いをします。図書館として資料を揃える眼をもっておきたい分野であることも再確認させられます。観光パンフレット，県勢要覧類，社会科副読本を活用

する図書館が増えているのもうなずけます。

インターネット情報源を利用する際にも，地元自治体のサイトなど地域発の情報源が役に立ちます。

④巻末の資料や付録を使いこなそう

レファレンス・ブックの巻末には，索引のほかに付録や年表や資料編がついているものがあります。これが意外とコンパクトな図表や一覧表として役に立ちます。なぜか，別の調べものをしているときに，「こんな便利なものが……」と発見し，嬉しさ半分，悲しさ半分という思いをすることが多いので，日頃からよく目を通しておきたいところです。選書の際，資料の有用性を判断する視点のひとつともなります。

たとえば，8番「オランダ商館長」の調査で日本史事典の巻末や歴史便覧を引きまくってみると，探しやすさ，名前のカナ表記と原綴併記，出典の有無，に加えてほかのレファレンス調査で役立ちそうな項目があるかなどの特徴がみえてきます。

「レファレンス事例50題」では，次のものが典拠資料として巻末を使っています。

4番「十干十二支」.............. 辞典・事典・便覧類の巻末

8番「オランダ商館長」...... 歴史事典の付録・資料編

9番「豊田市」......................『全国市町村要覧』の参考資料

＊「姉妹都市一覧」も判明します

11番「バンクーバー」........ 辞典の巻末

21番「経度の1度」............『玉川児童百科大辞典』の付表

174

⑤年鑑・年刊・年報類はクイック・レファレンスに役立つ

　1年間の動向を記録したものとして〈過去〉を調べるツールであり，最新版は〈いま〉を知るデータ集として活用できます。

　目次や索引だけでは内容の豊富さを拾いきれていないので，一度内容をよく把握しておくと，事実調査の質問で「あの資料に載っているハズ」と迷わず手にとれます。

　小規模の図書館では，継続して購入できる年鑑類は限られていますが，統計・人名録・資料編なども最大限に使いこなせば，"今，ここ"で応えられる事例がきっと増えてくるはずです。

　事例で典拠資料として役立っていたものをあげてみます。（下線は近年，内容に大きな変更があったものです。）

『読売年鑑』..............28番「県花・県章」，38番「食料自給率」
『世界年鑑』..............37番「アメリカ州知事」
『全国市町村要覧』..9番「豊田市」，28番「県花・県章」
『日本統計年鑑』......38番「食料自給率」
『理科年表』..............21番「経度の1度」，42番「潮汐表」
『文芸年鑑』..............34番「『波』の対談」

　ただし，年鑑・年刊類は内容の変更に注意を払う必要があります。『読売年鑑』は2013年版から1冊に統合され，上記の2件とも情報掲載がなくなり，この事例の典拠資料としては使えません。また，『理科年表』は平成26年版から経度1度の数値がなくなっています。

　選書や受入の際に編集方針や収録内容の変更を確認するとともに，旧年版も手にとれるよう数年間分は開架におくなどの配慮が必要でしょう。

資料を提供するための基本レッスン………175

⑥インターネット情報源の活用

　現在は，知りたいことがあれば誰でも手軽にインターネットで調べるという時代です。図書館のレファレンス・サービスにおいても有効に活用すべき調査ツールのひとつですが，冊子体資料に比べて情報源としての信頼性や安定性・再現性に留意する必要があります。

　具体的にはWebサイトの作成者や発信元，および情報の出典が明示され，信頼性を確認できること，継続して情報内容にアクセスし再確認できることなどです。その上でレファレンスに役立つ信頼性の高いインターネット情報源をフルに活用して，それぞれの図書館で提供できる資料や情報を豊かにしていくことができます。

　本書では，「レファレンス事例50題」の再調査を行ない，追加情報（p.132-166）として有用なインターネット情報源を紹介しています。①法令・統計データ・行政情報に関する最新情報の提供，②文献情報の検索，③デジタル化資料の利用，④作品情報や受賞情報，⑤団体に関する情報，などさまざまな事例で活用できますが，常に冊子体資料とあわせて複数の情報源を提供するよう心がけるのが調査の原則です。

3. 事例集を体験することからみえてきたもの

　視　る：多様な資料（情報源）の存在と利用の動きを知る
　嗅　ぐ：役立つ情報がどこにありそうか感知する
　触　る：実際に手にとって使いこなす
　味わう：資料の内容や特徴を知り，かみわける
　聴　く：利用者の求めに耳をかたむけ，要求を聴きとる

資料を提供して応えるということは，五感（ときには第六感も）をはたらかせながら根気強く行なう仕事です。それはカウンターやフロアで，利用者から発せられる問いかけに向き合うなかで鍛えられ，培われるものです。レファレンス事例をもとに自分で動き，考え，学ぶことは，資料を提供する現場に立つための基礎体力づくりともいえるでしょう。

①基本ツールに習熟することの大切さ

　「レファレンス事例50題」にたびたび登場するのが『日本大百科全書』，『国史大辞典』，『日本国語大辞典』です。本書巻末のリスト「現役の司書たちは，どんな参考図書を使っているか」でもこれらの資料はベスト3の評価でした。

　特に『日本大百科全書』は，①詳細な索引，②参考文献がある（23番「胃カメラ」の例），③固有名詞（人名・地名・作品名……）にふりがながある，④写真・地図・図版が豊富（31番「国旗と校旗」の例），⑤一覧したい情報が表としてある（3番「赤穂浪士」の例），などの特性が使い勝手のよさとしてあげられます。

　調査プロセスの実践から，この分野の質問ではこの基本ツールがこのように役立つと理解できれば，クイック・レファレンスに応えるときや，調査のポイントをおさえる第一歩として確実に使えるようになってきます。

　どんな小さな図書館にも，その図書館なりの基本ツールがあり，調べ方があるはずです。事例の33番「天衣紛上野初花」中のコメント，"小さいコレクションでも，司書がいて自館の資料を知り尽くしていると……解決するのだ"という経験は誰しもが持っています。よく手にとり，よく動き，よく役に

立つものは何かという実感は，目の前の利用者の要求を受け
とめ，応えていく日常の積み重ねから形づくられるものです。

②資料を提供することの奥深さを前にして

　利用者の知りたいこと，探しているものに対して提供でき
る資料や情報の世界は幅広く，奥が深いものです。

　私が事例集を手に自分なりの探索をすすめていったのも，
ただ回答を求めてというよりは，典拠となる資料の多様さを
知り，自分の図書館ではどんな形でどこまで提供できるか（利
用者と一緒に書架をあたるなかで／ここにない資料を紹介し，
リクエストにつなげる形で／一旦預かり，時間をかけて調査
するなかで／ほかの情報源を紹介する形で etc.）を確認して
おきたかったからです。

　レファレンスにのぞむときは，たまたま手にした1冊やイ
ンターネット検索で得た情報のみを「回答」とするのではな
く，より複数の信頼できる情報源を提示することが基本の心
構えとなります。その資料（情報）群のなかから利用者自身
が判断して，「これでよいヨ」「いや，もっと知りたい」とい
う言葉を遠慮なくやりとりできるよう，つなげていきたいも
のです。

③レファレンスの記録はその図書館の共有財産となる

　利用者の質問は，図書館への具体的な資料・情報要求のあ
らわれです。もちろん，その陰には問いかけをしたくても，
書架を見て，あるいは職員の仕事ぶりを見て，"言ってもムダ"
と感じさせたり，遠慮させたりしている状況がたくさんある
だろうことにも目を向ける必要があります。

質問からはじまったレファレンスの過程を記録にとどめることは，その経験を図書館全体の共有財産とし，仕事の実際やサービスのあり方を見直すための第一歩となります。満足する形で回答できた事例だけではなく，うまく応えられなかった事例も書きとめられていくことが大切です。利用者が何を求めていて，それに対するサービス現場の実態がどのようであるか，目に見える形でわかるからです。

　職員の知識・経験の不足，必要な蔵書資料の不足，仕事の流れ・サービス体制のまずさなど，今日からでも対応できることと，長期的に考えなければ難しいこととさまざまありますが，今後に生かせる材料が見つかるはずです。

　図書館が成長するための手がかりが，その地域の暮らしに役立つ図書館であり続けるためのヒントがたくさん内包されているのです。

④この図書館は調べやすいのか，使いやすいのか，がみえてくる

　自分の図書館だけでなく，いくつかの図書館を使って調査をしていくなかで，使いやすい図書館についてあらためて考えさせられました。「これは書庫か……」，「この資料が未所蔵!?」，「あっちの棚もこっちの棚も別にまた見なくては」とか，利用者が求めてくるテーマについて目配りされた選書がなされているか，あいまいな探しごとをたずねたら応えてくれそうか，などを感じながらの図書館体験でもありました。利用者はたくさんのことを我慢しているのであろう，と気づきます。

　カウンターに立つ──フロアに出て資料案内をする──利

資料を提供するための基本レッスン………179

用を意識した配架・書架整理を行なう。この流れがあっては
じめて"カウンターをやっている"といえるのであって，カ
ウンターはあれど，人はいない（司書の仕事が見えない）と
いう図書館にならないよう心がけていきたいものです。

参 考 資 料
現役の司書たちは,
どんな参考図書を使っているか　リスト

●このリストは,東京・多摩地域のレファレンス担当者の集いである「参考調査実務担当職員懇談会」による,『こいつは使える!　レファレンス・ブック　あなたの10冊』(1999.3)に基づきます。1999年に「レファレンスに役立つ資料を知り,使いこなす」をテーマにして,多摩地域の公立図書館でレファレンス・サービスにたずさわっている図書館員にアンケート方式で聞き,90名から回答がありました。

●『こいつは使える!　レファレンス・ブック　あなたの10冊』は,得票順集計,分類順集計,タイトル順集計,番外編,の4部で構成されていますが,このリストでは,得票順と番外編を和して複数票を獲得した資料を,得票の大きい順に,同票のときはタイトルの五十音順に配列しました。

●現役のレファレンス・ライブラリアン90名による集計結果ですから,「やっぱり」という「最初の一手」「とっさの一手」の資料ばかりです。図書館の品揃えのチェック表としても使えますが,なによりみなさんの自己研鑽のリストとしてご利用ください。

（斎藤文男　加工・作成）

※データベース化されたものも含め,現在も活用されている資料が多く,レファレンスに役立つ基本的なツールを知る上で有用と考え,出版情報等の補訂にとどめて初版のリストのまま掲載しました。（藤村せつ子　補訂）

参考資料………181

得票数	タイトル	出版社	出版年(最新版)	Web
42	日本大百科全書（全26巻）	小学館	1994(2版)	＊1
25	国史大辞典（全15巻17冊）	吉川弘文館	1979-1997	＊1
22	日本国語大辞典（全14巻）	小学館	2000-2002(第2版)	＊1
21	広辞苑	岩波書店	2017(第7版)	
21	理科年表	丸善出版	年刊	＊2
20	現代日本文学綜覧シリーズ	日外アソシエーツ	1982 −	＊3
20	日本書籍総目録	日本書籍出版協会	2001 終刊	＊4
19	大漢和辞典　修訂第2版（全15巻）	大修館書店	1989-2000	＊1
17	imidas（イミダス）	集英社	2007 終刊	
17	現代用語の基礎知識	自由国民社	年刊	＊1
16	大宅壮一文庫雑誌記事索引総目録	紀伊國屋書店	1985-1997	＊5
16	国書総目録　補訂版（全9巻）	岩波書店	1989-1991	＊6
14	郷土資料事典（全47巻）	人文社	1997-1998	
14	世界大百科事典（全34巻）	平凡社	2007(改訂新版)	＊1
13	全国各種団体名鑑（全4巻）	シバ→原書房	2022(第30版)	
13	翻訳図書目録	日外アソシエーツ	1984 −	＊3
12	現代日本人名録　新訂（全4巻）	日外アソシエーツ	2002(2002)	
12	類縁機関名簿	東京都立中央図書館	1995 終刊	＊7a
11	角川日本地名大辞典（全47巻, 別巻2）	角川書店	1978-1990	＊1
10	朝日年鑑	朝日新聞社	2000 終刊	
10	世界文学綜覧シリーズ	日外アソシエーツ	1986 −	＊3
10	日本近代文学大事典（全6巻）	講談社	1977-1978	＊1
9	日本統計年鑑	日本統計協会	年刊	＊8
9	知恵蔵	朝日新聞社	2007 終刊	＊9
8	絵本の住所録：テーマ別絵本リスト	法政出版	1998(新版)	
8	記号の事典　セレクト版	三省堂	1996(第3版)	
7	雑誌新聞総かたろぐ	メディア・リサーチセンター	2019 終刊	
7	世界伝記大事典（全19巻）	ほるぷ出版	1978-1981	
7	電話帳	NTT		
7	東京都立多摩図書館逐次刊行物目録	東京都立多摩図書館	1992-2002	＊7b
6	世界年鑑	共同通信社	年刊	
6	どの本で調べるか　増補改訂（小学校版全10巻, 中学校版全8巻）	リブリオ出版	1997	
6	○○の本全情報シリーズ	日外アソシエーツ	1992 −	
5	集英社世界文学大事典（全6巻）	集英社	1996-1998	＊1
5	新潮日本文学辞典	新潮社	1988(増補改訂)	
5	日本国勢図会	国勢社 → 矢野恒太記念会	年刊	＊1
5	日本古典文学大辞典（全6巻）	岩波書店	1983-1985	

得票数	タイトル	出版社	出版年(最新版)	Web
4	業種別貸出審査事典→業種別審査事典 (全10巻)	金融財政事情研究会	2024(第15次)	
4	現行日本法規 (加除式)	ぎょうせい	1949 –	*10
4	最新世界各国要覧	東京書籍	2006(12 訂版)	
4	出版年鑑	出版ニュース社	2018 終刊	
4	全国市町村要覧	第一法規	年刊	
4	専門情報機関総覧	専門図書館協議会	2018(2018)	
4	中国学芸大事典	大修館書店	1978	
4	著作権台帳：文化人名録	日本著作権協議会	2001 終刊	
4	伝記・評伝全情報	日外アソシエーツ	1991 –	*3
4	ブリタニカ国際大百科事典(全20巻)	TBS ブリタニカ	1995(第3版)	*11
4	読売年鑑	読売新聞社	年刊	
4	六法全書	有斐閣	年刊	
3	朝日日本歴史人物事典	朝日新聞社	1994	
3	岩波＝ケンブリッジ世界人名辞典	岩波書店	1997	
3	英米小説原題邦題事典	日外アソシエーツ	2003(新訂増補版)	
3	英米文学翻訳書目	沖積舎	1990	
3	環境問題情報事典	日外アソシエーツ	2001(第2版)	
3	近代日本総合年表	岩波書店	2001(第4版)	
3	昭和二万日の全記録 (全19巻)	講談社	1989-1991	
3	昭和ニュース事典 (全9巻)	毎日コミュニケーションズ	1990-1994	
3	新潮世界文学辞典	新潮社	1990(増補改訂)	
3	世界とその国々 (加除式)	国土地理協会		
3	世界名著大事典　オリジナル新版 (全17巻)	平凡社	1987-1989	
3	大正ニュース事典 (全8巻)	毎日コミュニケーションズ	1986-1989	
3	地方公共団体総覧 (加除式)	ぎょうせい	2023 終刊	*12
3	日本の小説全情報	日外アソシエーツ	1991 –	
3	日本文芸鑑賞事典 (全20巻)	ぎょうせい	1987-1988	
3	年鑑白書収載図表統計索引→白書統計索引	日外アソシエーツ	2023(2022)	
3	明治ニュース事典 (全9巻)	毎日コミュニケーションズ	1983-1986	
2	NHKふるさとデータブック(全10巻)	日本放送出版協会	1992	
2	架空人名辞典　欧米編，日本編	教育社	1986,1989	
2	月刊ニュー・ポリシー	研恒社政策情報資料センター	月刊誌	
2	研究者・研究課題総覧 (全9巻)	紀伊國屋書店	1997 終刊	*13
2	国際機関総覧	日本国際問題研究所	2002 終刊	

得票数	タイトル	出版社	出版年(最新版)	Web
2	故事・俗信ことわざ大辞典	小学館	2012(第2版)	*1
2	国歌大観（正・続　全4冊）	角川書店	1951-1958	
2	暦の百科事典	新人物往来社→本の友社	1999(2000年版)	
2	最新医学全書（全5巻）	小学館	1990	
2	最新文学賞事典	日外アソシエーツ	1989 −	
2	三多摩市町村立図書館雑誌新聞目録	東京都立多摩図書館	2000 終刊	*7c
2	写真でみる日本生活図引（全9巻）	弘文堂	1988-1993	
2	昭和史全記録　1926-1989	毎日新聞社	1989	
2	職員録	大蔵省印刷局→国立印刷局	年刊	
2	新日本地名索引（全3巻、別巻）	アボック社出版局	1993-1994	
2	人物・人材情報リスト(オンデマンド版)	日外アソシエーツ	1994 −	
2	新編国歌大観（全10巻　20冊）	角川書店	1983-1992	*1
2	世界国勢図会	国勢社→矢野恒太記念会	年刊	*1
2	全国神社名鑑（全2巻）	史学センター	1977	
2	全集叢書総目録	日外アソシエーツ	1992 −	
2	大日本百科事典（全28巻）	小学館	1980-1981(新版)	
2	多摩地域データブック→多摩・島しょ地域データブック	東京市町村自治調査会	年刊	*14
2	多摩のあゆみ 第81号 創刊20年記念・総目録	たましん地域文化財団	1995	*15
2	東京都区市町村年報	東京都総務局	年刊	*16
2	統計調査総覧	全国統計協会連合会	2008 終刊	
2	名前から引く人名辞典（全2巻）	日外アソシエーツ	2002-2018(新訂増補)	
2	何でも読める難読漢字辞典	三省堂	1995	
2	20世紀　Our times	角川書店	1998	
2	日本女性人名辞典	日本図書センター	1993	
2	日本長期統計総覧（全5巻, 総索引）	日本統計協会	2006-2007(新版)	*1
2	日本の名産事典	東洋経済新報社	1977	
2	「日本100選」旅案内	トラベルジャーナル	1998	
2	日本流行歌史（全3巻）	社会思想社	1994-1995(新版)	
2	年刊人物文献目録→人物文献目録	日外アソシエーツ	1981 −	
2	ビジュアル博物館（全88巻）	同朋舎出版	1990-2002	
2	美術家索引（全2巻）	日外アソシエーツ	1991-1992	
2	邦語文献を対象とする参考調査便覧	書誌研究の会	2004([2004])	*17
2	明治・大正・昭和翻訳文学目録	風間書房	1959	
2	○○○○○の化学商品	化学工業日報社	年刊	
2	○○を知る事典シリーズ	平凡社	1986 −	

・出版年は年刊類を除き、原則として最新版の出版年とその版表示を記載した
・対応する Web 版やデータベースについて Web 欄に＊を付し次ページに注記した

＜Web版・データベース＞

＊1 「ジャパンナレッジ Lib」【有料】

＊2 「理科年表プレミアム」【有料】

＊3 「レファコレ 日外レファレンス・コレクション」【有料】

＊4 「Books.or.jp」→「Books 出版書誌データベース」（日本出版インフラセンター）

https://www.books.or.jp/

2019年3月にリニューアルし，"現在入手可能な書籍"という限定はなくなった。

＊5 「Web OYA-bunko」【有料】

＊6 「国書データベース」（国文学研究資料館）

https://kokusho.nijl.ac.jp

＊7 「東京都立図書館」https://www.library.metro.tokyo.lg.jp/

a「専門図書館ガイド」

b「蔵書検索」

c「区市町村立図書館新聞雑誌総合目録」

＊8 「総合統計書」（総務省統計局）

https://www.stat.go.jp/data/sougou/index.html

＊9 「朝日新聞クロスサーチ」【有料】

＊10 「Super 法令 Web」【有料】

＊11 「ブリタニカ・オンライン・ジャパン」【有料】

＊12 「WEBLINK 地方公共団体総覧」【有料】（Web ＋冊子入替方式）

＊13 「researchmap」＞「研究者をさがす」（科学技術振興機構）

https://researchmap.jp/researchers

＊14 「多摩・島しょ地域データブック」（東京市町村自治調査会）

https://www.tama-100.or.jp/category_list.php?frmCd=2-6-1-0-0

＊15 「たましん地域文化財団／デジタルアーカイブ」

https://adeac.jp/tamashin/top/

＊16 「東京都区市町村年報」（東京都総務局）

https://www.soumu.metro.tokyo.lg.jp/05gyousei/04kusichousonnenpou.html

＊17 「邦語文献を対象とする参考調査便覧」（書誌研究の会）

https://www.cc9.ne.jp/~shoshi/sankou/sankou.html

参考資料

「これも読んでね」文献案内

　実践レファレンス，資料提供としてのレファレンス，という本書のコンセプトに共感をおぼえた方々に，まずは以下の文献の味見をお薦めします。

書　籍

・『まちの図書館でしらべる』（まちの図書館でしらべる編集委員会編　東京　柏書房　2002　219p　18 cm　巻末に書名索引・事項索引あり）

　　この図書は，東京・多摩地域の，40年にわたる公立図書館活動の精華です。現場の「調べもの・探しもの，手伝います」サービスが余すところなく表現されていますので，繰り返しお楽しみください。

・『ある図書館相談係の日記：都立中央図書館相談係の記録』（大串夏身著　東京　日外アソシエーツ　1994　205p　19 cm　日外教養選書　巻末にレファレンス・ブック一覧（初出順）あり）

　　大規模な図書館におけるジェネラル・レファレンス（初動調査＆主題別への交通整理）ですが，利用者とのかかわり，探索戦略の確立，司書の本音，使用レファレンス・ブックなど，中小図書館でも大いに参考になります。

・『図書館であそぼう：知的発見のすすめ』（辻由美著　東京　講談社　1999　219p　20 cm　講談社現代新書1453）

「調べだしたら図書館めぐりは止まらない。情報検索のヒント，レファレンス利用のコツ満載のわくわくエッセイ」──このキャプションどおりの優れた本。利用者の視点も学べてしまうヨ。

- 『情報大航海術：テーマのつかみ方・情報の調べ方・情報のまとめ方』（片岡則夫著　東京　リブリオ出版　1997　239p　22 cm　巻末に索引あり）

  この図書は，堅く言えば学校での自学自習授業の報告ですが，レファレンス・スキルがたっぷり仕込まれています。ヤングの「現実」も教えてくれたりして，公立図書館の司書にも「必読」ものでしょう。

- 『図書館を使い倒す！：ネットではできない資料探しの「技」と「コツ」』（千野信浩著　東京　新潮社　2005　191p　18cm　新潮新書 140）
- 『図書館のプロが教える＜調べるコツ＞：誰でも使えるレファレンス・サービス事例集』（浅野高史，かながわレファレンス探検隊著　東京　柏書房　2006　286p　20cm）
- 『図書館のプロが伝える調査のツボ』（高田高史編著　東京　柏書房　2009　5,310p　20cm）
- 『学校図書館で役立つレファレンス・テクニック』（齊藤誠一著　東京　少年写真新聞社　2018　135p　19cm）

雑　誌

- 『みんなの図書館』212 号（1994.12 月号）　特集「図書館員が書いた本の探し方」

  内容：「テーマで本を探すには」（田中伸哉），「楽譜の探し方」（金子紀子），「障害者用資料の探し方」（小坂薫），「児

参考資料………187

童図書館員が子どもの本を探すには」(前島眞知子),「古
書を買う」(松岡要),「医学書の探し方試論－入門編－」
(西河内靖泰),「女性問題資料をはば広く収集:『フォー
ラムよこはま』の情報ライブラリ」(山重壮一)

・『みんなの図書館』245号（1997.9月号）特集「図書館員
が書いた本の探し方　2」
　内容:「利用者の質問をうける時に注意したいことあれこれ
　　……:小図書館の現場から」(国分一也),「翻訳書の探し
　　方」(金子寛),「大宅壮一文庫の利用法と雑誌記事検索」
　　(傳田裕一郎),「映画文献レファレンスの基本:東京国
　　立近代美術館フィルムセンター図書室司書に聞く」(吉田
　　倫子),「ブックレビュー・パソコンを使って本を探す」
　　(片野裕嗣),「レファレンスツール・アンケート」(編集
　　部)

・『みんなの図書館』257号（1998.9月号）特集「図書館員
が書いた本の探し方　3」
　内容:「展覧会カタログを探す」(佐藤寿子),「楽譜（ポピ
　　ュラー音楽）の探し方」(松本芳樹),「予約の本を探す」
　　(長谷川誠二・石川ゆたか),「記憶の中の1冊　そこに
　　どうたどりつくか」(小松原直美),「自費出版本の探し方」
　　(片野裕嗣),「実践・インターネットで本を探す」(編集
　　部インターネット探検隊)

・『みんなの図書館』286号（2001.2月号）特集「図書館員
が書いた，本の探し方　4」
　内容:「探さあならんの五原則:所蔵調査は難しい」(清水
　　純子),「インターネットによる新聞記事の探し方・生か
　　し方」(中村順),「聖句を探す，キリスト教関連リクエス

ト本を探す」(東矢高明),「地域地図史料の探し方」(芳賀啓),「漢字にこだわってみました」(迫田けい子),「国書総目録を究めたい」(国分一也),「レファレンスデータベースをつくる」(柏木隆)

・『みんなの図書館』298号（2002.2月号）　特集「図書館員が書いた，本の探し方　5」

　内容：「麦わら帽子の作り方（編み方）の資料はどこに？」（編集部），「三池囚人労働関係資料を捜して：地域資料発掘の一例」（大原俊秀），「江戸以前の絵画作品（資料）を探す」（国分一也）

・『図書館雑誌』76巻5号（1982.5月号）　特集「レファレンスの事例とその活用」

　内容：「郷土資料の質問と記録」（蛭田広一），「事例の記録とその活用」（朝日奈万里子），ほか

・『みんなの図書館』226号（1996.2月号）　特集「資料提供の最前線：論争 "カウンター周辺学"」

　内容：「読書案内を含む貸出しを実現するために」（鈴木由美子），「貸出しにおける職員の専門性」（田井郁久雄），「本の相談コーナーと資料提供」（岡本武志），「相談業務は図書館の柱の言」（西野一夫），ほか

連載記事

・『図書館雑誌』91巻5号（1997.5月号）〜96巻12号（2002.12月号）

　「図書館員のためのステップアップ専門講座」全55回

・『図書館雑誌』89巻1号（1995.1月号）〜

　「れふぁれんす三題噺」連載その1〜（連載中）

「レファレンス事例50題」**タイトル索引**

* Ⅱ部「レファレンス事例50題」を対象に作成し，調査プロセス（p.77-131）と追加情報（p.132-166）とに分けて，おもなタイトルを五十音順（欧文はABC順）で配列しました。
* 冊子体の図書・雑誌以外のタイトルは「　」で囲みました。
* 参照見出しは，「→」（をも見よ）で表示しました。
* タイトルのあとの数字は，「レファレンス事例50題」の**事例番号**を示しています。

（藤村せつ子作成）

【あ行】

赤穂義士事典 ………………………… 3
朝日学習年鑑 ………………………… 24
朝日日本歴史人物事典 ………… 46,48
朝日百科世界の植物 ………………… 10
朝日百科日本の国宝 ………………… 49
朝日歴史写真ライブラリー戦争
　と庶民 …………………………… 26
味公爵 ………………………………… 24
宛字書きかた辞典 …………………… 11
当て字の辞典 ………………………… 11
あて字用例辞典 ……………………… 11
imidas（イミダス） ……… 5,9,16,36
岩波大六法 …………………………… 15
魚の事典 ……………………………… 24
英語略語辞典 ………………………… 44
江戸語辞典 …………………………… 7
江戸語大辞典 ………………………… 7
江戸の医療風俗事典 …………… 7,46
NHKふるさとデータブック ……… 28
園芸植物大事典 ……………………… 10

演劇百科大事典 ……………………… 33
大分百科事典 ………………………… 24
大きな活字の漢字表記辞典 ……… 11
大きな活字の三省堂漢和辞典 …… 11
大宅壮一文庫雑誌記事索引
　総目録 ………………… 6,23,25,35
オランダ商館長日記（日本関係
　海外史料） ……………………… 8
音訓引き難読語辞典 ………………… 17

【か行】

角川日本史辞典 ……………………… 8
角川日本地名大辞典 ……… 1,22,24,40
歌舞伎鑑賞辞典 ……………………… 33
歌舞伎事典 …………………………… 33
歌舞伎・浄瑠璃外題事典 ………… 33
歌舞伎・浄瑠璃外題
　よみかた辞典 …………………… 33
歌舞伎ハンドブック ………………… 33
歌舞伎名作事典 ……………………… 33
貨幣発行大事典 ……………………… 30

「レファレンス事例50題」タイトル索引………191

完結昭和国勢総覧 ……………… 38
関東の民俗(栃木県編) …………… 18
漢方医語辞典 …………………… 46
漢方のくすりの事典 …………… 46
漢方の歴史 ……………………… 46
聞き書大分の食事 ……………… 24
　⋺日本の食生活全集
聞き書栃木の食事 ……………… 18
　⋺日本の食生活全集
基本条約・資料集 ……………… 15
逆引き広辞苑 …………………… 36
逆引き熟語林 …………………… 36
郷土資料事典 ………… 14,24,40,49
近世文学研究事典 ……………… 43
近代日本社会運動史人物
　大事典 ………………………… 25
現行日本法規(加除式) …………… 5
現行法規総覧(加除式) …………… 5
原色園芸植物大図鑑 …………… 10
現代こよみ読み解き事典 ……… 4
<現代日本>朝日人物事典 …… 23
現代日本人名録 …………… 12,35
現代用語の基礎知識 ………… 5,9,36
小岩井農場七十年史 …………… 14
広辞苑 ………………… 4,13,14,18,43
講談社園芸大百科事典 ………… 10
国語学研究事典 ………………… 13
国際条約集 ……………………… 15
国史大辞典 ……… 3,4,8,14,30,41,48
国書解題 ………………………… 13
国書総目録 ……………………… 13

国書読み方辞典 ………………… 13
国宝事典 ………………………… 2
国宝大事典 ……………………… 2
古典籍総合目録 ………………… 13
暦(日本史小百科) ……………… 4
こよみ事典 ……………………… 4
暦の百科事典 …………………… 4
コンサイス日本地名事典 ……… 1

【さ行】

最新文学賞事典 ………………… 25
材料・料理大事典 ……………… 24
作品名から引ける日本文学詩歌・
　俳人個人全集案内 …………… 40
雑誌新聞総かたろぐ …………… 39
三省堂新漢和中辞典 …………… 11
詩歌人名事典 …………………… 25
集英社世界文学大事典 ………… 45
十二支の話題事典 ……………… 4
主要条約集 ……………………… 15
昭和史事典(講談社) …………… 30
昭和史全記録 …………………… 30
昭和二万日の全記録 …………… 26
昭和ニュース事典 ……………… 15
食料需給表 ……………………… 38
鍼灸医学辞典 …………………… 7
新選古語辞典 …………………… 4
新潮世界美術辞典 ……………… 2
新潮日本文学辞典 ……………… 43
新潮日本文学小辞典 …………… 33
人物レファレンス事典 ………… 25

192

新編国歌大観 …………………… 20

新明解漢和辞典 ………………… 11

数字で見る日本の100年 ……… 38

図説昭和の歴史 ………………… 26

図説食料・農業・農村白書 …… 38

図説日本文化の歴史 …………… 49

世界大百科事典 ……………… 26,41

世界地名大辞典（南光社）……… 11

世界年鑑 ………………………… 37

世界の故事・名言・ことわざ

　　総解説 ……………………… 47

世界の国旗大百科 ……………… 28

世界文学綜覧シリーズ ………… 45

世界文化生物大図鑑 …………… 24

全国学校総覧 …………………… 22

全国市町村要覧 ……………… 9,28

「全国知事会」…………………… 28

全国文学碑総覧 ………………… 40

戦後史資料集 …………………… 15

戦中用語集 ……………………… 26

全訳古語辞典 …………………… 4

全訳読解古語辞典 ……………… 4

【た行】

大活字難読語辞典 ……………… 17

大漢和辞典 …………………… 7,11,46

大辞林 ……………………… 11,14,18

大日本百科事典 …………… 18,31,41

大百科事典 ………… 2,7,13,18,24

玉川児童百科大辞典 ………… 21,46

知恵蔵 …………………………… 5,9,36

潮位表 …………………………… 42

潮汐表 …………………………… 42

調理用語辞典 …………………… 18

通解名歌辞典 …………………… 20

電話帳 …………………………… 22

東京町名沿革史 ………………… 1

東京都令規集 …………………… 50

動植物名よみかた辞典 ………… 17

読史総覧 ………………………… 8

栃木県大百科事典 ……………… 18

栃木県民俗事典 ………………… 18

【な行】

奈良の大仏をつくる …………… 49

日常語の由来辞典 ……………… 47

日本外交主要文書・年表 ……… 15

日本外交年表竝主要文書 ……… 15

日本学術資料総目録 …………… 2

日本近代文学大事典 …………… 43

日本経済統計集 ………………… 38

日本国語大辞典 …… 7,13,14,18,30,43

日本国勢図会 …………………… 38

日本語大辞典 …………………… 18

日本古典文学大辞典 ………… 13,43

日本産魚類大図鑑 ……………… 24

日本辞書辞典 …………………… 13

日本史史料 ……………………… 15

日本自然地名辞典 ……………… 40

日本史総覧 ……………………… 8

日本史大事典 ……… 13,26,46,48

日本史年表（東京堂出版）……… 4

日本書籍総目録 …………………… 12
日本人名大辞典 …………………… 46
日本説話伝説大事典 ……………… 47
日本大百科全書 ………… 3,4,10,14,
　　　　15,18,23,25,31,41,43,44
日本地名総覧 ……………………… 40
　⇨角川日本地名大辞典
日本地名大百科 …………………… 1
日本地名ルーツ辞典 ……………… 14
日本長期統計総覧 ………………… 38
日本統計年鑑 ……………………… 38
日本都市年鑑 ……………………… 9
日本の詩歌全情報 ………………… 25
日本の食生活全集 ……………… 18,24
日本の滝200選 …………………… 40
日本の統計 ………………………… 38
日本の名産事典 …………………… 24
日本美術作品レファレンス事典 ……… 2
日本文学作品名よみかた辞典 ……… 33
日本文学史辞典 …………………… 43
日本文化総合年表 ………………… 33
日本文芸鑑賞事典 ……………… 33,43
日本分県地図地名総覧 …………… 22
日本法令索引　現行法令編 ………… 5
日本名句辞典 ……………………… 32
日本名言名句の辞典 ……………… 32
日本名宝事典 ……………………… 2
日本歴史大辞典(河出書房新社) … 13
日本歴史大事典(小学館) ………… 3
日本歴史地名大系 ……………… 1,14
日本暦西暦月日対照表 …………… 4

値段史年表 ………………………… 30
値段の明治・大正・昭和風俗史 …… 30
ノーベル賞受賞者総覧 …………… 36

【は行】
万有百科大事典 ……… 2,10,36,41,46
物価の世相100年 ………………… 30
ブリタニカ国際大百科事典 …… 10,30
文学碑辞典 ……………………… 40,48
文芸年鑑 …………………………… 34
ベーシック条約集 ………………… 15
別冊太陽 …………………………… 48
翻訳小説全情報 …………………… 45
翻訳図書目録 …………………… 29,45

【ま行】
宮沢賢治語彙辞典 ………………… 14
明治ニュース事典 ………………… 48

【や行】
読売年鑑 ……………………… 28,38
読めない漢字の読本 …………… 4,33
読める年表・日本史 ……………… 48

【ら行】
理科年表 ……………………… 21,42
料理食材大事典 …………………… 18
六法全書 …………………… 5,15,50

【わ行】
和英・英和タイトル情報辞典 ……… 29

和漢薬百科図鑑 ························· 46

【アルファベット順】

Dictionary of American history ······ 44
Encyclopedia Americana ··············· 44
THE NIKKEI WEEKLY ············· 39
Who's Who in America ················· 37
Who's Who in American Politics ··· 37
The World Almanac ····················· 37

付・図書館(員)名索引

＊調査プロセス中にあらわれた図書館およ
び図書館員等の五十音順索引です。

浦和市立(現さいたま市立)東浦和
　図書館 ································· 21
大槌町立図書館(岩手) ··············· 33
小川弘明 ································· 33
鎌倉市立図書館 ························· 37
北原圀彦 ································· 34
佐藤敦子 ································· 37
昭和館図書室 ·························· 26
世田谷学園図書館 ····················· 26
曽我部隆一 ···························· 26
高月町立図書館(滋賀) ··············· 30
嵩原安一 ································· 20
玉川裕子 ································· 26
千葉県立図書館 ························· 44
鳥羽和子 ································· 23
長野県立図書館 ·························· 1

宮内潤子 ································· 44
明定義人 ································· 30

「レファレンス事例50題・追加情報」 タイトル索引

【あ行】

「青森県近代文学の名品」 ·········· 40
「赤穂義士」 ····························· 3
アジア・太平洋戦争 ···················· 26
当て字・当て読み漢字表現辞典 ··· 11
「胃カメラを知っていますか」 ·········· 23
医心方 ·································· 7
岩波女性学事典 ························· 19
岩波数学入門辞典 ······················ 36
ウソ読みで引ける難読語辞典 ······· 17
歌がたみ ································· 20
「海と船なるほど豆事典」 ············· 41
海の魚大図鑑 ·························· 24
「海・船Q&A」 ·························· 41
H氏賞57年のあゆみ ··················· 25
「H氏賞の創設」 ························· 25
江戸時代の医学 ························· 46
江戸時代の古文書を読む ·········· 32
江戸の理系力 ·························· 46
「大賀ハス何でも情報館」 ·········· 10
おもしろふしぎ日本の伝統食材 ······ 18

【か行】

開戦の詔書 ···························· 15
学校でする儀式作法の基礎知識

&教職マナーの常識 ……………… 31

歌舞伎ギャラリー50 ……………… 33

きっずジャポニカ ………………… 10

キャラメルの値段 ………………… 30

Q&A式自転車完全マスター ……… 50

キューバの歴史 …………………… 27

郷土料理 ………………………… 18,24

郷土料理のおいしいレシピ ……… 18

「国指定文化財等データベース」…… 2

「グローカル外交ネット」………… 31

現代アメリカデータ総覧 ………… 37

「小岩井農場」……………………… 14

「高精度計算サイト keisan」……… 21

講談社中日辞典 …………………… 11

交通の百科事典 …………………… 41

公用あいさつ事典 ………………… 31

「公立小学校一覧」(山口県教育
　委員会) ………………………… 22

「公立小学校一覧」(やまぐち総合
　教育支援センター) ……………… 22

「国立印刷局」……………………… 30

「国立国会図書館サーチ」
　………………… 6,12,25,34,48

「国立国会図書館デジタルコレク
　ション」……………… 13,32,47

古典文学作中人物事典 …………… 43

ことわざで遊ぶ …………………… 47

「固有名よみかた検索」…………… 17

暦を知る事典 ………………………… 4

「暦情報データベース」…………… 16

「こよみのページ」………………… 16

【さ行】

最新歌舞伎大事典 ………………… 33

さかな食材絵事典 ………………… 24

雑学事典 …………………………… 47

史上空前の繁栄をもたらした人びと
　…………………………………… 25

「自転車に乗るときのルールと
　マナー」(神奈川県警察) ……… 50

事典日本の地域ブランド・名産品 … 24

終戦の詔書 ………………………… 15

「昭和毎日」………………………… 30

食の地図 …………………………… 24

「食料自給率の部屋」……………… 38

食料・農業・農村白書参考統計表 ‥ 38

「女性情報ポータルWinet(ウィネッ
　ト)」……………………………… 19

調べてみようふるさとの産業・
　文化・自然 ……………………… 24

白紙召集で散る …………………… 26

新・日本文壇史 …………………… 48

図説江戸の科学力 ………………… 46

スポーツ六法 ……………………… 5

政令指定都市 ……………………… 9

世界を驚かせた日本人の発明力 … 23

世界史史料 ………………………… 15

世界の賞事典 ……………………… 36

全国名産大事典 …………………… 24

戦争とくらしの事典 ……………… 26

「測量計算サイト」………………… 21

【た行】

対外関係史辞典 ……………………… 8
たべもの起源事典 ………………… 24
ダムの科学 ………………………… 44
誰かに教えたくなる社名の由来
　Part 2 ……………………………… 14
「地方公共団体の区分」…………… 9
「中核市市長会」…………………… 9
忠臣蔵 ……………………………… 3
「潮位表」………………………… 42
「潮汐推算」……………………… 42
「ちょっと便利帳」……………… 11
「データベース『世界と日本』」……… 15
「東京都例規集データベース」…… 50
東京の地名由来辞典 ……………… 1
東北近代文学事典 ………………… 40
「図書・資料検索」（昭和館）……… 26
都道府県別日本の地理データ
　マップ …………………………… 28
「toto, スポーツ振興基金と助成
　事業」……………………………… 5

【な行】

「二十一代集データベース」……… 20
日中辞典 …………………………… 11
ニッポン天才伝 …………………… 23
日本医家列伝 ……………………… 46
日本貨幣カタログ ………………… 30
「日本銀行」……………………… 30
日本現代文学大事典 ……………… 43
日本語学研究事典 ………………… 13

「日本古典籍総合目録データベー
　ス」……………………………… 13
日本史に出てくる官職と位階の
　ことがわかる本 ………………… 1
日本史必携 ………………………… 8
日本商船・船名考 ………………… 41
日本地理 …………………………… 28
日本伝奇伝説大事典 ……………… 47
日本の生死観大全書 ……………… 48
日本のすがた ……………………… 28
日本の創業者 ……………………… 25
日本の文学碑 ……………………… 40
日本美術図解事典 ………………… 4
「日本法令索引」………………… 5
日本哺乳類大図鑑 ………………… 17
猫たちの舞踏会 …………………… 29

【は行】

発見・体験!地球儀の魅力 ………… 21
花蓮品種図鑑 ……………………… 10
「腹の虫」の研究 ………………… 7
百科便覧 …………………………… 4
ピルはなぜ歓迎されないのか …… 19
フィデル・カストロ ……………… 27
フィールズ賞で見る現代数学 …… 36
物価の文化史事典 ………………… 30
「ふねの豆知識」………………… 41
「文化遺産オンライン」………… 2
「文化デジタルライブラリー」… 33
文芸雑誌小説初出総覧 …………… 34
「法令データ提供システム」…… 5,50

「レファレンス事例50題」タイトル索引………**197**

誇れる郷土データ・ブック ……………… 28
袋鼠（ポサム）親爺の手練猫名簿 ‥ 29
ポプラディア ……………………………… 9

【ま行】
「ミュージック・マガジン」 ……………… 6
未来へ伝えたい日本の伝統料理 … 18
名歌名句大辞典 ………………………… 20
明治時代史大辞典 ………………… 14,48
目でみる「戦争と平和」ことば
　事典 ……………………………………… 26

【や行】
「野球殿堂博物館」 …………………… 35
山川詳説日本史図録 ………………… 4
「郵便番号検索」 ……………………… 22
洋学史事典 ……………………………… 8
「よくあるご質問（FAQ）」（東大寺）
　…………………………………………… 49
47都道府県・魚食文化百科 ……… 24
読んで楽しむ当て字・難読語の辞典
　…………………………………………… 11

【ら行】
「リサーチ・ナビ」 ………………… 1,11,45
歴史ビジュアル実物大図鑑 ……… 49
「レファレンス協同データベース」
　…………………………………… 30,31,32
「レファレンスクラブ」 ………………… 17
レンコン（ハス）の絵本 ……………… 10
「六十干支のよみ方」 ………………… 4

【アルファベット順】
「CiNii Articles」 ……………………… 34
「CiNii Books」 ………………………… 45
「Dnavi」 ………………………………… 16
「Fujisan.co.jp」 ……………………… 6
「kotobank」 …………………………… 33
「Library of Congress Online Catalog」
　…………………………………………… 27
「National Governors Association」
　…………………………………………… 37
「NDL-OPAC」 ………………………… 12
Nikkei Asian Review ……………… 39
「Nikkei Asian Review」 …………… 39
「Norris Reservoir」 ………………… 44
「Webcat Plus Minus」 …・ 23,25,32,34
「Web OYA-bunko」 ………………… 6
「Wikipedia」 …… 8,12,22,25,36,37,41

198

事項索引

* 本文中の事項,人名,団体,書名等を五十音順（欧文はABC順）で配列しました。
* 参照は「→」(を見よ),「⇒」(をも見よ)で表示しました。

【あ行】

朝日奈万里子 …………………………… 44
一次資料 ………………………… 6,50-51
『いま,とやまの図書館は』 …………… 15
インターネット情報源 …… 170,174,176
浦安市立図書館 ………… 16,19,21,26
小澤三恵子 ……………………………… 31
オープン質問 ………………………… 47-48

【か行】

回答 → レファレンス回答
『回答&コメント集』 ……… 65,67-69,71
会話法 ………………………… 12,48-49
カウンター …… 25,30,167,177,179-180
　　　　貸出── ……………………… 42,51
　　　　立ち── ………………………… 11
　　　　レファレンス・── ……………… 31
貸出し ………………………… 4-8,10,19-20
『川崎市立図書館サービスの課題と
　展望』 ………………………………… 18
川崎市立図書館調査 …………… 14,18
間接レファレンス ………………… 23,29
協力・共同(協働)レファレンス

　………………………………… 17,43,52
クイック・レファレンス …… 9,34,175,177
車の両輪論 ……………………………… 6-8
クローズド質問 ………………………… 48
公立図書館の目的 ……………………… 10
『これからの図書館　新版』 ……… 72
混配架 ………………………………… 20-21

【さ行】

最初の一手 …… 12,22,35,46,170-171
Saitoモデル〔図〕 …………………… 42
索引 …………………………………… 171
索引語 ……………………………………… 38
索引的な眼 …………………………… 172
雑誌記事索引 ……………………………… 51
参考質問への回答 ……………………… 9
参考事務規程 ……………………… 34,39
参考図書 ……………… 12,37-38,50,70
　　　巻末 ………………………… 174
　　　混配架 ……………………… 20
　　　使い方 ……………………… 52
　　　別置 ………………………… 19
三次資料 ……………………………… 50

三多摩レファレンス探検隊
　　……………………… 64,66,69
事実調査 ……………… 9,34,51,175
司書の専門性 ………………… 23,44
質問 → レファレンス質問
『市民の図書館』…………… 4,6-7
『情報と文献の探索　第3版』…… 38
書架
　　サイン ……………………… 20
　　整理(整架) ……… 20,25,51,180
　　配置(位置) ……… 20,23,26
書架案内(資料案内) …… 20,29,179
所蔵・所在調査 ……………… 9,33
調べやすい仕組み …… 20,23-24,179
資料提供 ……………………… 5,10-11
人的支援 ……… 10,15,32,58-59
親和感 ………………………… 46
菅原峻 ………………………… 72
図鑑 …………………………… 172
スコーキー図書館 ……………… 72
鈴木由美子 …………………… 52
墨田区立あずま図書館 ………… 26
セルフ・レファレンス …… 19-20,22-23
選書 ……… 68-70,174-175,179
蔵書構成(蔵書形成) … 22,55,68-69

【た行】
高月町立図書館(滋賀県) ………… 21
棚づくり ……………… 22,68-69
探索戦略 ………… 37,41,46,48,50,68
地域資料の構築 ……………… 36

地域に関するレファレンス ………… 36
地域百科事典 ……………… 173
『中小都市における公共図書館の
　運営』……………………… 4
『中小図書館のための基本参考図
　書』……………………… 4
調査・研究への援助 ……………… 9,33
調査プロセス … 11,37,45,54,59,61-63,
　　　　　　　 65,69,168,177
調査プロセス比較法 ……… 67-68,71
調査メモ ……… 11,36,57-58
　→レファレンス記録
ツール
　基本—— ……………… 168,177
　レファレンス・—— …… 58-60
テクニカル・サービス ……………… 26
典拠資料 ……… 6,11,26,28,35,37-38,
　　40-41,43,52,54,56,61-62,65,69
展示(テーマによる) ………… 20,172
電話レファレンス ……………… 72
読書案内 … 5-6,10,15,17-18,32-33,56
図書館パフォーマンス指標 ………… 13
図書館法 ……………………… 2-3
富山県全館調査 ……………… 14,18
富山県図書館協会 ……………… 15
『富山県図書館研究集録』………… 15
富山市立図書館 ……………… 44

【な行】
長澤雅男 ……………………… 36-37
二次質問 ……………………… 169

二次資料 ················· 50
日本十進分類法 → NDC
『日本の参考図書』 ················· 50
年鑑類 ················· 175
野瀬里久子 ················· 38

【は行】

配架 ················· 29,51,180
配架法 ················· 20,23,26
バックアップ図書館 ················· 53
日野市立図書館市政図書室 ········ 36
復唱法 ················· 12,45-46,48-49
覆面調査 ················· 13,27
プライバシー ················· 18,44
フロアワーク・レファレンス ······· 24-26,52
文献調査 ················· 9,33-34
返却本の配架 ················· 20,25-26
翻訳書調査（文学） ················· 35-36

【ま行】

前川恒雄 ················· 4
見出し語 ················· 37,171
目黒区立守屋図書館 ················· 16
目に見えるレファレンス・サービス
················· 17,25

【や行】

やりとり ··········· 12,42-44,48-50,70,178

【ら行】

利用者アンケート調査 ············· 14-20

利用者の「?」 ················· 38,167
利用者の視点 ················· 14,26
利用者のセルフ・レファレンス
→セルフ・レファレンス
利用者の探索行動（活動）··· 18,23,32
⇒利用者のレファレンス行動
利用者のレファレンス行動 ············· 20
レファレンス・インタビュー ·· 27,43-44,48
⇒やりとり
レファレンス回答
回答の制限 ················· 39
学校の宿題 ················· 40
正答率 ················· 13,27
責任ある回答 ················· 54
妥当性 ················· 37
レファレンス・カウンター → カウンター
レファレンス技能 ········· 11-12,37,70
⇒レファレンス・スキル
修得 ················· 11,68
蓄積と共有化 ················· 56
レファレンス記録 ·· 11,36,54-61,70,178
レファレンス記録の種類〔表〕········· 58
調査メモ ················· 57-58
レファレンス記録票 ········· 57-58
レファレンス処理票 ········· 57-58
レファレンス研修 ················· 38
実践的—— ················· 38
テキスト ················· 62
レファレンス・サービス
完結 ················· 56-57
構造 ················· 8-9

事項索引········201

根拠 ……………………………… 2
評価 ……………………… 13,16,37,40
利用経験 ……………………… 15
レファレンス・サービスの5要素 ……… 28
　回答 ……………………………… 38
　質問事項 ……………………… 32
　図書館員（司書）……………… 37
　図書館資料 …………………… 35
　利用者 ………………………… 29
レファレンス・サービスの4作用 …… 28,41
　質問内容についてのやりとり
　　………………………………… 43
　探索戦略の確立 ……………… 50
　探索の実行と回答の発見 …… 52
　レファレンス質問の分析 ……… 49
レファレンス質問 …… 5,8,17,25,29,37
　観点 ………………… 45-46,48-51
　キーワード
　　…… 12,25,45,47,49-50,58,60
　傾向 …………………………… 60
　三大質問 ……………………… 33
　質問の型 ……………………… 32
　主題（テーマ）……… 45-46,49-51
　代理質問 ……………………… 34
　遠回しの質問 ………………… 44
　分析 ………………………… 49-50
　類型化 ………………………… 35
レファレンス事例集 …… 55,61-63,167
レファレンス・スキル ……………… 10,36
　→レファレンス技能
レファレンス体験 ……………… 54,167

レファレンス担当者 ……………… 60
レファレンス・ツール ……………… 58-60
レファレンス・デスク ……………… 31
レファレンス・ブック → 参考図書
レファレンス・プロセス → レファレンス・
　サービスの4作用

【わ行】
『われらの図書館』 ……………………… 4

【アルファベット順】
『Britannica』 ……………………… 10
Closed-question → クローズド質問
Collison, Robert L. ……………… 44
Crowley ………………………… 13
Glogoff, Stuart ………………… 31
Half-Right Reference …………… 13
Hernon ………………………… 9,13,27
Katz,W.A. ………………………… 9
Kazlauskas, Edward …………… 30
McClure ………………………… 9,13,27
Morgan, Linda ………………… 31
NDC …………………………… 9,21,47
Non-Verbal Communication
　（言葉によらない交信方法）……… 30
OPAC …………………………… 20,23
Open-question → オープン質問
Taylor, R.S. …………………… 29
Unobtrusive testing → 覆面調査

●著者紹介

斎藤　文男（さいとう　ふみお）

1950 年	群馬県桐生市に生まれる
1974 年	埼玉大学卒業，東京都入都（都立図書館）
1999 年	関東学院女子短期大学非常勤講師
2000 年	東京都退職，富士大学へ
	富士大学教授，明治大学非常勤講師
	盛岡大学非常勤講師を務める
2013 年	逝去（享年 63 歳）

藤村せつ子（ふじむら　せつこ）

1964 年	東京都に生まれる
1988 年	図書館情報大学卒業
	国立市くにたち中央図書館勤務
1995 年	長崎県森山町立図書館勤務
2003 年	くにたち中央図書館勤務

●写真紹介

撮影　© 漆原　宏

p.19	埼玉・鶴ヶ島市立中央図書館
p.22	沖縄・那覇市立金城小学校図書館
p.53	長崎・諫早市立諫早図書館
p.61	千葉県立東部図書館

> 視覚障害者その他活字のままではこの本を利用できない人のために，日本図書館協会及び著者に届け出る事を条件に音声訳（録音図書）及び拡大写本，電子図書（パソコンなど利用して読む図書）の製作を認めます。但し，営利を目的とする場合は除きます。

◆JLA 図書館実践シリーズ 1

実践型レファレンス・サービス入門 補訂2版

定価：本体 1800 円（税別）

2004年7月20日　初版第1刷発行 ©
2014年5月1日　補訂版第1刷発行
2019年5月20日　補訂2版第1刷発行
2024年8月20日　補訂2版第4刷発行

著　者：斎藤文男，藤村せつ子
発行者：公益社団法人　日本図書館協会
　　　　〒104-0033　東京都中央区新川1-11-14
　　　　Tel 03-3523-0811　Fax 03-3523-0841
デザイン：笠井亞子
印刷所：アベイズム㈱　　Printed in Japan
JLA202409　　ISBN978-4-8204-1900-6
本文の用紙は中性紙を使用しています。

JLA 図書館実践シリーズ　刊行にあたって

　日本図書館協会出版委員会が「図書館員選書」を企画して20年あまりが経過した。図書館学研究の入門と図書館現場での実践の手引きとして，図書館関係者の座右の書を目指して刊行されてきた。

　しかし，新世紀を迎え数年を経た現在，本格的な情報化社会の到来をはじめとして，大きく社会が変化するとともに，図書館に求められるサービスも新たな展開を必要としている。市民の求める新たな要求に対応していくために，従来の枠に納まらない新たな理論構築と，先進的な図書館の実践成果を踏まえた，利用者と図書館員のための出版物が待たれている。

　そこで，新シリーズとして，「JLA図書館実践シリーズ」をスタートさせることとなった。図書館の発展と変化する時代に即応しつつ，図書館をより一層市民のものとしていくためのシリーズ企画であり，図書館にかかわり意欲的に研究，実践を積み重ねている人々の力が出版事業に生かされることを望みたい。

　また，新世紀の図書館学への導入の書として，一般利用者の図書館利用に資する書として，図書館員の仕事の創意や疑問に答えうる書として，図書館にかかわる内外の人々に支持されていくことを切望するものである。

2004 年 7 月 20 日

日本図書館協会出版委員会

委員長　松島　茂

図書館員と図書館を知りたい人たちのための新シリーズ！
JLA 図書館実践シリーズ 既刊40冊，好評発売中

（価格は本体価格）

1. **実践型レファレンス・サービス入門** 補訂2版
   斎藤文男・藤村せつ子著／203p／1800円

2. **多文化サービス入門**
   日本図書館協会多文化サービス研究委員会編／198p／1800円

3. **図書館のための個人情報保護ガイドブック**
   藤倉恵一著／149p／1600円

4. **公共図書館サービス・運動の歴史 1** そのルーツから戦後にかけて
   小川徹ほか著／266p／2100円

5. **公共図書館サービス・運動の歴史 2** 戦後の出発から現代まで
   小川徹ほか著／275p／2000円

6. **公共図書館員のための消費者健康情報提供ガイド**
   ケニヨン・カシーニ著／野添篤毅監訳／262p／2000円

7. **インターネットで文献探索 2022年版**
   伊藤民雄著／207p／1800円

8. **図書館を育てた人々 イギリス篇**
   藤野幸雄・藤野寛之著／304p／2000円

9. **公共図書館の自己評価入門**
   神奈川県図書館協会図書館評価特別委員会編／152p／1600円

10. **図書館長の仕事**「本のある広場」をつくった図書館長の実践記
    ちばおさむ著／172p／1900円

11. **手づくり紙芝居講座**
    ときわひろみ著／194p／1900円

12. **図書館と法** 図書館の諸問題への法的アプローチ 改訂版増補
    鑓水三千男著／354p／2000円

13. **よい図書館施設をつくる**
    植松貞夫ほか著／125p／1800円

14. **情報リテラシー教育の実践** すべての図書館で利用教育を
    日本図書館協会図書館利用教育委員会編／180p／1800円

15. **図書館の歩む道** ランガナタン博士の五法則に学ぶ
    竹内悊解説／295p／2000円

16. **図書分類からながめる本の世界**
    近江哲史著／201p／1800円

17. **闘病記文庫入門** 医療情報資源としての闘病記の提供方法
    石井保志著／212p／1800円

18. **児童図書館サービス 1** 運営・サービス論
    日本図書館協会児童青少年委員会児童図書館サービス編集委員会編／310p／1900円

19. **児童図書館サービス 2** 児童資料・資料組織論
    日本図書館協会児童青少年委員会児童図書館サービス編集委員会編／322p／1900円

20. **「図書館学の五法則」をめぐる188の視点** 『図書館の歩む道』読書会から
    竹内悊編／160p／1700円

図書館員と図書館を知りたい人たちのための新シリーズ！
JLA 図書館実践シリーズ 既刊40冊, 好評発売中

21. 新着雑誌記事速報から始めてみよう RSS・APIを活用した図書館サービス
牧野雄二・川嶋斉著／161p／1600円

22. 図書館員のためのプログラミング講座
山本哲也著／160p／1600円

23. RDA入門 目録規則の新たな展開
上田修一・蟹瀬智弘著／205p／1800円

24. 図書館史の書き方, 学び方 図書館の現在と明日を考えるために
奥泉和久著／246p／1900円

25. 図書館多読への招待
酒井邦秀・西澤一編著／186p／1600円

26. 障害者サービスと著作権法 第2版
日本図書館協会障害者サービス委員会, 著作権委員会編／151p／1600円

27. 図書館資料としてのマイクロフィルム入門
小島浩之編／180p／1700円

28. 法情報の調べ方入門 法の森のみちしるべ 第2版
ロー・ライブラリアン研究会編／221p／1800円

29. 東松島市図書館 3.11からの復興 東日本大震災と向き合う
加藤孔敬著／270p／1800円

30.「図書館のめざすもの」を語る
第101回全国図書館大会第14分科会運営委員編／151p／1500円

31. 学校図書館の教育力を活かす 学校を変える可能性
塩見昇著／178p／1600円

32. NDCの手引き「日本十進分類法」新訂10版入門
小林康隆編著, 日本図書館協会分類委員会監修／207p／1600円

33. サインはもっと自由につくる 人と棚とをつなげるツール
中川卓美著／177p／1600円

34.〈本の世界〉の見せ方 明定流コレクション形成論
明定義人著／142p／1500円

35. はじめての電子ジャーナル管理 改訂版
保坂睦著／250p／1800円

36. パッと見てピン！動作観察で利用者支援 理学療法士による20の提案
結城俊也著／183p／1700円

37. 図書館利用に障害のある人々へのサービス 上巻 利用者・資料・サービス編 補訂版
日本図書館協会障害者サービス委員会編／304p／1800円

38. 図書館利用に障害のある人々へのサービス 下巻 先進事例・制度・法規編 補訂版
日本図書館協会障害者サービス委員会編／320p／1800円

39. 図書館とゲーム イベントから収集へ
井上奈智・高倉暁大・日向良和著／170p／1600円

40. 図書館多読のすすめかた
西澤一・米澤久美子・粟野真紀子編著／198p／1700円